COMMENT L'ECOLE S'ELOIGNE DE SES ENFANTS

L'ALERTE D'UN PEDOPSY-CHIATRE

COMMENT L'ECOLE S'ELOIGNE DE SES ENFANTS

DR PATRICE HUERRE

L'ALERTE D'UN PEDOPSY-CHIATRE

NATHAN

AVANT-PROPOS

L'urgence est là, sous la forme d'un défi : les enfants et les adolescents ne trouvent plus à l'école de quoi répondre à leurs questions et les préparer au monde de demain.

Ils ont changé, sous l'influence d'un environnement qui a changé lui aussi – à un rythme jusque-là inconnu dans l'histoire. Ce qui auparavant évoluait lentement et progressivement d'une génération à l'autre est bouleversé à présent tous les cinq à dix ans. Alors ils décrochent ou cherchent dans d'autres univers partagés par leur génération, virtuels bien souvent, les éléments leur permettant de composer avec des données en mutation rapide. D'autant que les outils numériques créés par leurs parents (ordinateurs, tablettes, smartphones...) ouvrent des possibilités inconnues des anciens.

Le contraste est de plus en plus flagrant entre les attentes des enfants, celles de l'école et celles de la société de demain. Il conduit les jeunes à développer leurs compétences et à s'investir en dehors des temps scolaires, à défaut de trouver sur place les éléments leur permettant d'évoluer dans le monde nouveau qui se profile à grands pas – comme ces animaux qui migrent à la saison sèche vers des zones de pâturage plus adaptées.

Quant aux enseignants et parents qui n'ont pas vu venir ni anticipé ces changements, dont ils ne possèdent que peu les codes pour la plupart, ils se raccrochent aux branches éducatives familières, espérant qu'elles les soutiendront encore quelque temps, et considèrent les usages numériques comme des détourneurs d'attention et des empêcheurs d'apprendre.

L'enjeu dépasse même les plus motivés, ceux qui cherchent à prendre en compte les enfants et les élèves d'aujourd'hui. Ces professionnels se retrouvant en décalage avec le cadre qui leur est imposé, ils se découragent à la mesure de l'investissement qui était le leur.

Le constat est clair : l'école n'est plus adaptée et ce qu'elle propose ne fonctionne plus.

Les pays qui émergent dans les classements internationaux (PISA) ont une politique de formation et de rémunération des enseignants bien différente.

L'enjeu pour les futurs dirigeants est majeur : comment préparent-ils l'avenir des enfants d'aujourd'hui ?

Quel gâchis humain à court terme et quelles conséquences désastreuses pour demain ! Pourtant, de nombreux enseignants seraient prêts à explorer des formes d'enseignement conjuguant apprentissage des bases fondamentales à acquérir et capacités d'innover.

Voulons-nous une école qui prépare les enfants d'aujourd'hui au monde de demain ? Ou une école hors du temps et sans lien avec ce qui se passe en famille et dans la société, avec des conséquences sur le développement des enfants ? Une école dédiée aux savoirs sans s'occuper des savoir-être et savoir-faire de demain ? Ou une école qui aide les jeunes à trouver une place évolutive dans un monde aux contours inimaginables encore récemment ?

Une chose est sûre : l'école se trouve au pied du mur. C'est aujourd'hui que l'école de demain se fabrique. Il n'y a plus de temps à perdre. À défaut, l'école se déconnectera toujours plus des réalités actuelles et futures, comme des besoins de ses élèves.

Mais le temps n'est plus aux réformettes. Ni aux replâtrages, auxquels nos gouvernants ont l'habitude de recourir pour répondre à une crise. Ce sont les fondations mêmes des missions de l'école qu'il importe de reconstruire, comme Jules Ferry l'a fait en son temps.

Car les changements doivent s'inscrire dans un temps long, loin des mesures d'affichage du court terme électoral.

QU'EST-CE QU'UN PÉDOPSYCHIATRE A À DIRE SUR LES ENFANTS ET L'ÉCOLE ?

En tant qu'ancien élève, tout d'abord ! Mais les missions de l'enseignement étaient alors bien établies : celui-ci consistait en une formation générale ou professionnelle, puis en des cursus aptes à préparer aux métiers choisis. Ces métiers étaient connus pour la plupart, hormis ceux liés à l'informatique, qui émergeaient à peine de la science-fiction.

Le passage par l'école laisse à chacun de nombreux souvenirs, selon le principe de la mémoire sélective, les uns heureux, les autres moins. Certains enfants se lèvent avec entrain le matin à l'idée d'apprendre et de retrouver leurs camarades. D'autres ne peuvent quitter leur lit, au grand dam de leurs parents, car ils n'ont pas trouvé un intérêt suffisant dans l'école ou en ont peur. Ainsi, nous avons pu constater, durant les confinements dus au Covid, combien les enfants présentant un trouble du spectre autistique ou les phobiques scolaires et sociaux ont éprouvé du soulagement à rester chez eux.

Ma place de professionnel de l'enfance et de l'adolescence m'offre un observatoire privilégié des constances autant que des changements importants qui marquent le développement et les manières d'être et d'apprendre des jeunes. Et surtout la manière dont ils vivent les situations d'apprentissage. Les difficultés scolaires servent bien souvent de prétexte pour justifier une consultation chez un psychologue ou un pédopsychiatre. Le décrochage, l'angoisse matinale, les troubles du sommeil et de l'appétit… sont autant de manières d'exprimer un mal-être. Ils conduisent les élèves à rejeter ou à redouter le temps scolaire et ses contenus. Les mêmes pouvant se concentrer durant des heures sur un jeu vidéo ou sur les réseaux sociaux.

Nous verrons en quoi leurs modes de fonctionnement les préparent pour l'avenir en même temps qu'ils révèlent l'inadéquation de l'école face à ces jeunes déroutants. Qu'il s'agisse des compétences psychomotrices acquises par l'usage des outils numériques à raison de plusieurs heures par jour dès les premiers temps de la vie – malgré les conseils répétés du Conseil supérieur de l'audiovisuel (CSA) de ne pas en permettre l'usage avant 3 ans seulement – ou qu'il s'agisse de leur capacité de gérer plusieurs tâches simultanément.

S'il fallait à ce stade relever quelques signes de l'inadéquation de l'école à son nouveau public, il suffirait d'observer les dégâts croissants que sont les échecs scolaires, les retours négatifs d'un grand nombre de jeunes, alors même qu'ils possèdent des connaissances mal reconnues par l'institution scolaire et ont soif de découvrir ou d'apprendre.

Quant à ceux qui suivent le cours du fleuve académique, ils respectent en surface, et souvent sans grand bonheur, les consignes données, mais cherchent ailleurs de quoi développer leurs appétences et leurs compétences intellectuelles, culturelles et sociales. À défaut, la confrontation avec le monde adulte leur donnera le sentiment d'avoir été bernés. La maxime «Travaille bien et tu pourras avoir la vie dont tu rêves» se révèle désormais insuffisante, tant les compétences relationnelles, d'ouverture et la curiosité sont déterminantes. Mais les apprend-on à l'école?

QUELS MALENTENDUS !

Et pourtant, l'école est potentiellement toujours aussi nécessaire, disons-le haut et fort, bien au-delà de sa fonction d'apprentissage des relations sociales et d'acquisition d'un socle de connaissances. Mais comment faire pour qu'elle se tienne au carrefour des besoins des enfants d'aujourd'hui et des qualités exigées par le monde de demain ?

De même qu'il importe de prévoir minutieusement l'entraînement des spationautes avant de les envoyer en mission dans l'espace, il est impératif d'évaluer dès à présent de quel équipement et de quelles compétences l'enfant devra disposer pour se développer au mieux dans le futur. L'école est bien au centre de ce projet. Comment prend-elle en compte ces changements majeurs ? Les prend-elle seulement en compte ? Permet-elle d'établir des liens entre ce qui est nécessaire à la construction humaine et les contraintes nouvelles du monde extérieur, inconnues pour une grande part, même à brève échéance ?

L'école est théoriquement un lieu privilégié de réduction des inégalités et de préparation du futur, mais aussi la scène où s'expriment les difficultés individuelles et familiales. Tel enfant pourra bénéficier d'une aide grâce au repérage effectué par le personnel de l'école, et tel autre de modalités d'enseignement adaptées en fonction des difficultés qu'il rencontre. Et ce, afin de mettre en œuvre, chaque fois que possible, des mesures réparatrices ou des compensations pour donner à chacun les meilleures chances. Même s'il n'est évidemment pas question de revenir au temps des précepteurs réservés à une catégorie très privilégiée de la population.

Or que génère la rencontre des enfants avec l'école aujourd'hui ? De meilleures chances pour s'intégrer dans la vie sociale et professionnelle et participer à son développement ? Ou l'image d'un décalage de plus en plus flagrant entre son offre et les attentes du monde extérieur ? Il faut dire qu'au fil du temps les efforts se sont portés du côté du cerveau gauche – le cerveau logique et analytique –, réservant au cerveau droit, lieu de la créativité, de l'intuition et de la synthèse, quelques miettes d'enseignement plus que de sensibilisation aux disciplines artistiques[1].

Pourtant l'humain, dans sa recherche d'équilibre, s'appuie tout autant sur l'intelligence sensible, la confiance en soi, les valeurs du collectif, le sens de l'engagement, l'ouverture, l'esprit critique…

Imaginons une seconde un groupe de professeurs, de philosophes, de sociologues, de psychologues,

1. Cf. Patrice Huerre et Philippe Petitfrère, *L'Autorité en question. Nouveau monde, nouveaux chefs*, Odile Jacob, 2021.

de pédagogues à qui il serait demandé de penser concrètement à comment faire vivre ces intentions dans les processus éducatifs : des gens « normaux », suffisamment intelligents et cultivés, qui se verraient contraints de penser autrement – « *Think outside the box* », disent les Anglais – et qu'on déciderait d'écouter... avant de les évincer probablement, du fait du dérangement occasionné par leurs idées.

Comment faire pour qu'une très bonne lycéenne, qui est aussi une sportive de haut niveau et que ses compétitions ont amenée, au troisième trimestre, à être absente trois vendredis, ne subisse le sort suivant ? Le professeur d'anglais s'est opposé à ce qu'elle obtienne les félicitations parce qu'elle a été absente à trois de ses cours (en ayant prévenu, bien sûr). Elle avait pourtant 18,5 de moyenne en anglais ! Que le système soit à ce point incapable de valoriser un engagement aussi structurant et complémentaire suffit à expliquer les raisons du déclin de notre système éducatif et envoie un signal bien négatif et rétréci. Démotivant ?

Il faut croire que les mécanismes, bien connus, de répétition de ce que l'on a subi sont à l'œuvre, plus que jamais. Et la jalousie n'est pas loin.

Les parents maltraitants ont souvent été des enfants maltraités. Les anciens élèves ayant mal vécu leur scolarité tout en ayant obtenu de bons résultats deviendraient-ils des enseignants maltraitants, comme on le voit parfois dans les classes préparatoires aux grandes écoles, par exemple[2] ?

Tout se passe comme si, globalement, nous restions tributaires d'un système d'enseignement qui renforce le narcissisme de certains et casse la confiance en soi naissante des autres. D'un système où l'enseignement professionnel conserve son éternelle mauvaise image. D'un système où le conformisme serait la vertu cardinale.

Nous vivons dans une société où les qualités reconnues sont liées avant tout à des opérations cognitives, autant qu'à l'origine sociale. Nous avons encore beaucoup de difficultés à reconnaître la valeur d'autres compétences, certes plus difficiles à mesurer, telles que l'intelligence émotionnelle, la créativité, la curiosité de l'autre et du monde, la générosité.

Bien entendu, il en va tout autrement si les enfants décident d'embrasser une carrière de footballeur, de stand-upper ou de chanteur de variétés. Là, la qualification est fonction des performances, des médias ou du public.

Quel incroyable décalage entre les changements du monde, reconnus par tous, et l'immuabilité de notre système scolaire, où règne trop souvent encore l'enseignement magistral : voilà un bel exemple de réaction face à la peur, la peur de ne plus reconnaître ce qui a

2. Patrice Huerre et Thomas Huerre, *La Prépa sans stress*, Fayard, 2009.

constitué ses références, comme on pourrait rester figé face à un serpent ou à un lion, sans le moindre réflexe de fuite. S'accrocher à ses habitudes, quitte à perdre le plaisir des découvertes et toutes possibilités d'innover. Que penser d'un bref documentaire montrant une conseillère d'éducation mise en avant pour sa façon d'accueillir les élèves le matin en leur disant… bonjour ? Le cas échéant, en formulant çà et là une petite remarque avec bonhomie. Comme si c'était un prodige, une initiative extraordinairement novatrice, une rupture culturelle majeure. Telle autre CPE d'un collège a proposé de tenir chaque mois une séance d'échange avec les élèves sur le thème du bonheur. Ses collègues ont pris cette initiative pour une douce lubie passagère et ricanaient entre eux de sa naïveté, alors qu'il y avait des sujets autrement plus importants : drogue, harcèlement, contraception… Personne ne viendrait et elle se retrouverait bien seule. Elle devrait plutôt écouter les conseils des anciens ! Quelle candeur, charmante certes, mais bien loin des exigences attendues et des recommandations officielles. Mais, après quelques séances, chacun a bien été obligé de reconnaître l'intérêt de l'offre, car elle attirait un nombre d'élèves jamais atteint jusqu'alors pour d'autres manifestations proposées. Ces jeunes voulaient en savoir plus sur le bonheur, et surtout sur ce que les adultes pouvaient leur en dire. Abreuvés depuis l'enfance de discours alarmistes sur les dangers

de la vie et d'un monde courant à sa perte, nourris au principe de précaution, ils finissaient par se demander si le bonheur était imaginable, surtout dans leur futur, alors même qu'ils l'éprouvaient en bien des occasions dans leur quotidien. Mais peut-être se trompaient-ils?
Encore un exemple entre mille, saisissant: celui de l'usage des smartphones, ordinateurs, tablettes, etc. L'Éducation nationale les autorise uniquement sur prescription médicale pour compenser un trouble officiellement recensé, du type dyspraxie. Ou alors dans un contexte local et pédagogique bien spécifié pour valoriser l'octroi de tablettes par le conseil départemental ou le conseil régional. Ou encore le temps d'un cours, dans le cadre d'un enseignement dédié à l'informatique...
Mais plus récemment, «grâce» au Covid et à l'enseignement à distance, ces outils sont devenus des relais indispensables pour assurer la continuité de l'enseignement, quoi qu'en pensaient enseignants et parents! Pourtant, très rapidement, les restrictions antérieures ont souvent repris le dessus: interdits avant la fac, alors qu'ils sont d'un usage courant partout. Comment un enfant peut-il comprendre ces consignes? Que ce qui est utile et tant apprécié par ses parents est dangereux pour lui dans le temps scolaire? Si l'on cherchait à rendre désirable un usage, il ne faudrait pas s'y prendre autrement!

Comme si le stylo-bille ou le feutre avaient été interdits (ce qui était le cas il y a une soixantaine d'années, à leurs débuts) au profit de la plume et de l'encrier ; et pourquoi pas du burin et de la pierre.
De Jules Ferry à nos jours, quelle constance ! Là, au moins, ont été établis des repères sûrs et immuables. Si nos arrière-grands-parents entraient dans une salle de classe actuelle, ils ne seraient pas dépaysés.
En revanche, les débats sur les rythmes scolaires ou le niveau (toujours plus bas, nous dit-on !) ont la vie dure. Le négatif est privilégié. Ce qui marche est réputé normal. L'empathie et la bienveillance n'ont que peu de place.
« On parle beaucoup de l'immobilisme de l'Éducation nationale, mais c'est par ignorance, car il s'y passe beaucoup de choses », nous dit-on. Formidable ! Pour un peu, il faudrait se sentir coupable de ne pas voir ce qui bouge (mais qu'est-ce qui bouge ?) et de constater que le classement international s'effondre d'année en année. « Mais ces classements sont très suspects, vous savez, il ne faut pas les prendre pour argent comptant, ils sont manipulés par les Américains », rétorquent leurs détracteurs.
Le constat est clair. D'innombrables études montrent la faillite programmée du système par rapport aux enjeux à venir. Le moment est venu de cesser de gloser. Il faut agir courageusement.
Et les modèles ne manquent pas, de l'Europe du Nord jusqu'au Québec.

IL EST URGENT D'AGIR

Tout se joue aujourd'hui, car le rythme très rapide des changements est inédit. Et chaque année perdue majore le retard pour l'avenir. Que ce soit dans le domaine technique, dans celui de la santé, de l'écologie ou encore dans les manières de définir le vivre ensemble et l'identité.

Ne pourrait-on pas profiter de la crise mondiale générée par le Covid, qui a fait pousser, comme fleurs au printemps, des initiatives inventives, pour modifier profondément nos représentations des modalités d'apprentissage (télé-enseignement, travaux de groupe à distance… mais aussi besoin de relations en direct) et de la transmission des savoirs ? Quelle place l'école y occupe-t-elle ? On pourrait en profiter aussi pour se pencher sur les nouveaux modes de socialisation des enfants et des adolescents, entre autres grâce à l'école.

Tirer profit des crises, telle est la mission des professionnels de l'enfance, et encore plus de l'adolescence, quand ils sont confrontés à des situations de jeunes apparemment bloquées. Voilà une belle occasion.

C'est le prix à payer pour devenir adulte. Le célèbre psychanalyste D. W. Winnicott disait : « Une adolescence sans crise est à considérer comme pathologique. »

La remise en question est la règle pour se construire : remise en question de la place des parents, des choix personnels de vie comme des choix professionnels...

De cette crise physiologique qu'est la puberté, la plupart sortiront mieux formés et prêts pour l'avenir, tandis que d'autres s'enfermeront dans des situations conflictuelles ou des impasses, ne trouvant pas d'issue, telle une mouche contre une vitre, alors même que la fenêtre d'à côté est ouverte.

Alors comment faire pour que la crise éducative que nous connaissons, équivalent du passage individuel de l'enfance à l'âge adulte, débouche sur des évolutions positives et des nouveautés vivantes ? À nous d'en faire un stimulant pour aujourd'hui et un atout pour demain.

Comme toujours dans un contexte de déstabilisation, des opportunités sont là. Et, à défaut de s'en saisir, le risque est la recherche défensive de réassurance dans la continuité – que rien ne bouge –, c'est-à-dire un repli stratégique laissant passer les trains qui mènent à demain. De même, la peur peut paralyser ou, au contraire, donner lieu à des réactions inédites utiles.

Tel est le mérite potentiel de cette crise : mettre en lumière des enjeux déjà là, mais invisibles ou trop peu pris en compte en dehors de quelques cercles avertis. Et bousculer les situations installées. Une opportunité à saisir ?

Dans notre société en fragmentation, il importe par ailleurs de renforcer la fonction de socialisation de l'école. Au-delà de son rôle de transmission des savoirs, indispensable au développement des enfants et des adolescents, il est de plus en plus nécessaire qu'elle assure cette fonction car les réseaux sociaux ne suffisent pas à compenser le manque de relations « pour de vrai », comme disent les petits. Et les outils numériques sont trop laissés en libre apprentissage, au risque d'en sous-estimer les inconvénients et les mésusages.

C'est pourquoi il est si important de bien situer leur place dans la scolarité et de former à un usage vertueux. C'est le rôle du CLEMI, le Centre de liaison de l'enseignement et des médias d'information, insuffisamment soutenu au sein de l'Éducation nationale.

Car distinguer l'infox de l'information s'apprend.

Comment aider nos enfants à se repérer dans un monde saturé d'informations et à développer leur sens critique ? Comment mieux les préparer aux défis de demain ? Que transmettre et comment ? Comment faire d'eux des adultes créatifs et respectueux des autres et du monde ? Toutes ces missions doivent impliquer autant les enseignants que les parents, bien entendu. Et elles sont de plus en plus nécessaires à l'heure des replis individualistes et identitaires.

Néanmoins, les expérimentations d'offres pédagogiques différentes restent localisées. Elles sont parfois mises en avant, mais à l'instar d'objets inatteignables, observés de loin, derrière une vitrine. Leur généralisation bousculerait trop de systèmes bien installés, inscrits dans la répétition de l'existant familier, et se heurterait à une formation des enseignants insuffisante pour en faire une utilisation digne de ce nom.

Par ailleurs, elle ferait fi de la cohérence nécessaire entre l'enseignant et sa méthode pour espérer des effets positifs. D'où la complexité du sujet, dont on peut espérer qu'elle s'atténuera avec l'arrivée d'enseignants plus familiers de ces outils et de leurs usages. Même si les critères de recrutement des nouveaux venus ne laissent rien présager de bon en la matière.

Le caractère actuellement explosif de ces nécessités est tel que beaucoup de responsables reculent. À défaut d'une réflexion sur les alliances qui pourraient être nouées avec les outils numériques, par exemple, au-delà de l'octroi symbolique d'un écran à chaque élève, le risque est de considérer ceux-ci comme adverses.

Le système éducatif ne pourra faire son aggiornamento que quand il sera en résonance avec les évolutions de la société. Or cela va prendre du temps, malheureusement. Il risque de se passer une génération, voire deux, entre le changement de logiciel éducatif et son intégration concrète par la classe d'âge en situation de responsabilité. Les bébés d'aujourd'hui sont les enseignants de demain ! À nous de les préparer à des modalités d'exercice différentes. De fait, la demande sociétale commence dès aujourd'hui à exercer une pression forte sur nos habitudes. Et la concurrence des pays voisins d'Europe du Nord et d'Asie, en particulier, se fait de plus en plus sentir.

Parents de bébés et de petits enfants, comme pour les langues étrangères, donnez-leur les moyens d'un usage adapté de ce que le monde d'aujourd'hui leur offre, avec ses avantages et ses limites.

LE DÉCALAGE ENTRE LE FONCTIONNEMENT DE L'ÉCOLE ET LE MONDE EXTÉRIEUR

Ce décalage s'accroît chaque jour. La constance de l'école n'a d'égale que l'accélération des changements qui affectent le monde.

D'où des jugements injustes à son endroit à propos de l'échec de certains élèves. Il ne serait plus question d'en chercher les causes chez ces derniers ou chez leurs parents. Ce serait la faute de l'école, incapable de prendre en charge les enfants qui lui sont confiés ! Or la gamme des situations devant être intégrées *via* la scolarisation ne cesse de s'élargir. Des mineurs étrangers non accompagnés ne parlant pas le français aux enfants « différents » pour cause de situation de handicap, en passant par les adolescents qui défraient la chronique des institutions éducatives, tous doivent bénéficier de l'école. Et tant pis si les enseignants ne sont pas dotés des moyens matériels et de la formation nécessaires pour les faire profiter de cette intégration jugée *a priori* fructueuse. La charge est lourde et les missions sont complexes. La déconvenue, elle, est fréquente.

Tout se passe désormais comme si l'école avait été mise au rang d'un prestataire de services soumis à des injonctions de productivité, quelles que soient la situation et l'attitude de l'enfant. Qu'il s'investisse dans les études ou qu'il y soit indifférent, voire opposant, étant trop occupé par d'autres sujets, personnels ou familiaux. Qu'il soit HPI (haut potentiel intellectuel) ou porteur de handicap. Comme le garagiste doit remettre en marche une voiture en panne. Encore que les garagistes généralistes se fassent rares à l'heure des voitures informatisées !

C'est le dogme de l'école inclusive, politiquement correcte, *a priori* bonne pour tous, censée lutter contre les ségrégations. Superbe projet répondant bien à l'adage « On juge le degré de civilisation d'une société à la façon dont elle traite ses fous (ou ses vieux, ou les plus faibles). » Il lui a été confié une mission d'intégration pour favoriser une socialisation et des apprentissages empêchés jusqu'alors, sans qu'elle en ait vraiment les moyens quantitatifs et qualitatifs.

Quitte à renforcer, au nom d'indéniables bonnes intentions, le sentiment de différence de l'enfant et la souffrance qui en résulte, ce dont m'ont témoigné confidentiellement de nombreux enfants bénéficiant de ces mesures. La confusion règne entre l'acceptation et la reconnaissance des différences inévitables entre sujets humains, d'une part, et la nécessaire égalité des droits, d'autre part. Égalité ne signifie pas équivalence.

Tous pareils ou tous différents et dignes du même respect ? Il s'agit là de satisfaire des parents en quête de normalité pour leur enfant – ce qui se comprend, bien évidemment – et de donner bonne conscience à une société qui se juge coupable et estime que les structures spécialisées isolent et empêchent le développement des compétences.

Pour ce qui est des relations entre l'école et ses partenaires extérieurs, je préfère, quant à moi, rechercher la coresponsabilité des acteurs engagés dans l'éducation – et non la coéducation –, associant parents ou professionnels de l'enfance, mais chacun dans un champ différent. Il est plus intéressant de valoriser et d'utiliser les différences de points de vue que de chercher, en vain, à se mettre d'accord sur tout au nom d'une sacro-sainte convergence des avis qui faciliterait l'adhésion de l'enfant… comme s'il ne pouvait percevoir les divergences entre adultes. Comment vouloir ensuite qu'il accepte ses propres contradictions ? Et comment lui apprendre à se construire à partir des différentes appréciations de sa personne qui lui sont renvoyées ? L'idéal d'un consensus sur tous les sujets conduit aux déceptions et à l'agressivité qui en découle.

Au-delà de ces mécanismes habituels que chacun a peu ou prou connus, il est nécessaire d'aller voir de plus près ce qui se joue aujourd'hui du côté des enfants et de leurs parents.

Pour ces derniers, la tâche est rude. Le bagage éducatif qu'ils ont reçu leur semble inadapté par rapport aux nouveaux usages infantiles, et plus encore aux juvéniles. Ils confondent fréquemment les formes apparentes de vie de leur rejeton et le fond de sa personne.
Du côté de la forme, la curiosité des jeunes semble déserter l'école. Et pourtant, l'envie d'apprendre est toujours aussi vive, mais autrement et ailleurs.
Les réseaux sociaux, Internet, les jeux vidéo, etc., occupent une place prépondérante, au grand dam des parents et des enseignants qui y voient des empêcheurs d'apprendre et une concurrence déloyale. Ce qui ne veut pas dire que la curiosité soit éteinte. Ni que la vie sociale « en vrai » ne les intéresse plus. Nous avons bien vu durant les confinements Covid combien le manque de contacts avec leurs pairs a pu peser sur les jeunes. Et les conséquences différées de ces manques continuent de se faire sentir. Mais les possibilités multiples de satisfaire leur curiosité s'accommodent mal du cadre limitatif scolaire ou familial. Les contingences de la vie quotidienne ne sont pas à la hauteur de leurs aspirations. Par ailleurs, le lien entre études et activité professionnelle future est encore bien ancré, fondé sur l'idée que chaque type d'études mènerait à un métier pour la vie. Ce qui n'est évidemment plus le cas. Qui peut dire aujourd'hui de quels métiers le monde aura besoin dans dix ans ? Qui peut prévoir quelle existence l'enfant

aura ? Où il vivra ? Quand on sait que la moitié des métiers de demain sont encore inconnus. Et que chacun sera amené à exercer plusieurs activités, parfois très différentes et très éloignées des projets initiaux, dans des régions ou des pays où il n'imagine pas se rendre. La question est donc de savoir comment préparer à l'incertitude.

LES QUALITÉS QUE L'ON DEVRAIT POSSÉDER DÉSORMAIS

Car les temps ont changé. L'évolution des connaissances se fait à un rythme tel qu'elle dépasse les possibilités de transmission entre générations, l'une sachant et l'autre apprenant. Il y a urgence à revoir le logiciel des apprentissages et les priorités éducatives. Là où il s'agissait d'intégrer et de reproduire ce qui était estimé acquis par les générations précédentes, puis de le transmettre tel quel aux suivantes, nous devons aujourd'hui trier les informations et les manières de penser, tant la quantité de données nouvelles est grande et leur complexité accrue. Face à des enjeux nouveaux, nous devons de plus en plus fonctionner sur le modèle de l'intelligence artificielle, qui, après avoir ingéré le plus d'informations possible, propose des solutions. Ce sont donc bien les capacités de sélectionner les données et de s'adapter qu'il importe de développer. Fournir les informations et les connaissances disponibles, certes, mais surtout être apte à les évaluer et à les faire évoluer au gré des questions inédites qui se posent.

Cette compétence cognitive humaine est loin de la capacité à accumuler des données et des schémas de résolution de problèmes prédéterminés. La machine représente un allié à condition de conserver un sens critique aiguisé et de la piloter comme si elle était une assistante chargée des gros travaux quantitatifs.

Pour ce faire, nous devons désormais former des esprits qui, loin d'être de simples récepteurs soumis à la machine, seraient avant tout malléables, modulables, adaptables, évolutifs... Capables d'identifier les situations problématiques et d'explorer des moyens inédits pour les faire évoluer.

Oui, mais comment éveiller ces qualités et les faire grandir ? C'est une mission nouvelle pour l'école, qui nécessite de revoir complètement le logiciel des formations qu'elle dispense, et donc de ceux qui y œuvrent. Quel défi pour elle !

Car pendant longtemps elle a eu pour rôle principal – et très important – de donner à chacun les principales clés du monde telles qu'elles avaient été modelées au fil du temps par les anciens. Les codes d'un monde exploré patiemment par les générations précédentes, tant il était mal connu.

À présent, les explorations sont dirigées vers l'infiniment petit, d'une part, et l'espace, d'autre part, sans oublier celles qui visent les modifications du vivant et posent de multiples et complexes questions éthiques. Ces explorations sont le fait de la génération des jeunes adultes, qui n'hésitent pas à sortir des sentiers battus avec audace. Il n'est qu'à voir la multiplication des start-up et autres aventures spatiales du type de celle d'Elon Musk, qui dament le pion aux plus grands organismes industriels et de recherche. S'y retrouvent des personnalités curieuses, comme peuvent l'être des petits enfants lorsqu'ils possèdent cette qualité, avant d'être bridés, pour la plupart, par le « sérieux » dont il leur est dit qu'il est indispensable pour réussir. « La curiosité est un vilain défaut », entendons-nous dire encore trop souvent. Il est temps d'inverser cette assertion en réhabilitant la curiosité comme qualité première !

La nouvelle génération, au-delà du noyau incompressible des jeunes en souffrance, va en effet mieux que la précédente, grâce à l'attention que ses parents et ceux qui se sont occupés d'elle lui ont prodiguée et aux connaissances et manières d'être qu'ils lui ont transmis. Il faut leur en reconnaître le mérite.

Les enfants d'aujourd'hui ont gagné en capacité d'adaptation et en liberté de penser, y compris hors des modes de pensée établis. Leurs relations avec les adultes sont moins bridées qu'auparavant, ils hésitent moins à questionner, à remettre en question, le plus souvent aimablement, mais sans inhibition. Leur curiosité s'est élargie au-delà des frontières du monde et ne se limite plus au territoire familial ou social local. Le rêve ne leur paraît pas être un ennemi de la réalité.

Malgré tout, et même si des avancées ici et là sont indéniables, les résistances de l'institution scolaire sont trop fortes pour prendre en compte ces changements, au-delà des personnes. Car il faut clairement différencier le système Éducation nationale et les personnes qui y interviennent, même si bon nombre d'entre elles s'accrochent à ce qui a fondé leur métier. Et ce ne sont pas toujours les plus anciens qui sont les plus rétifs au changement !

Le manque de souplesse et de capacité d'adaptation de ce système est flagrant, comme une articulation, entre passé et futur, qui serait arthrosique et donc bloquée par la douleur quand les exercices d'assouplissement font défaut. On peut aussi penser aux difficultés de manœuvre d'un gros paquebot, comparées à l'agilité du hors-bord.

Les enfants et les adolescents que je reçois en témoignent. Prêts à tous les voyages dès lors qu'ils se sont dégagés des projections angoissantes des adultes ou de leurs sentiments dépressifs face à des travaux qui n'ont pas de sens pour eux (« J'y arriverai jamais… »), ils sont intéressés par la nouveauté et la découverte. Par la culture et ses grandes références, la mythologie, la peinture, la sculpture, la musique, à condition d'y être initiés par des adultes passionnés.

On voit cette même capacité d'émancipation du sérieux (ce terme étant souvent mal compris) dans le psychodrame, lorsqu'il est proposé au jeune patient de jouer une scène dans laquelle, avec l'aide des thérapeutes, se trouvent mises en scène, à son insu, les questions qui l'occupent et dont il peut ainsi s'approcher en se sentant moins menacé. Ou dans l'offre de supports ludiques aux plus petits pour leur permettre l'expression de leurs peurs, de leurs intérêts, de mouvements agressifs ou autres. Ou encore dans les jeux vidéo comme médiation thérapeutique permettant aux enfants, sous couvert de jeu ou de création d'avatars, d'aborder sur images des enjeux sous-jacents aux difficultés qu'ils éprouvent. Ils se saisissent le plus souvent de ces espaces de jeu avec appétit. De ce fait, ces espaces de jeu sont tous à considérer comme des entreprises très sérieuses, comme jouer peut l'être[3]...

Ce n'est donc pas un problème de demande qui est en cause, mais un manque d'offre.

3. Patrice Huerre, *Jouer, un moteur pour la vie*, Nathan, 2021.

RAPIDE HISTORIQUE

De tout temps, les penseurs et les philosophes ont réfléchi au rôle du maître, du *pædagogus*[4], du guide, de la figure d'autorité en matière de formation. Les moyens à mettre en œuvre ont aussi été décrits par de nombreux auteurs. En voici quelques exemples qui nous rappelleront l'ancienneté du débat, même s'ils se réfèrent à une société stable d'une génération à une autre, ce qui n'est plus le cas.

Montaigne prône les vertus des voyages, de la culture, des sciences et des lettres comme outils pour construire un être humain, mais sans les mettre au rang d'objectifs. Il s'agit pour lui de moyens de formation de l'homme, et non d'une fin en soi. Les heures d'apprentissage sur chaise de nos enfants lui seraient apparues aberrantes.

Tout comme à Rabelais, qui condamne l'apprentissage par cœur au profit de la réflexion, comme en témoigne l'enseignement de Ponocrates à Gargantua. Ce dernier avait appris pendant cinq ans et trois mois son alphabet à l'envers ! La tâche de Ponocrates était donc à la fois urgente et lourde pour remettre les priorités en place.

Plus tard, Condorcet, représentant des Lumières, soutient, bien avant Jules Ferry et Camille Sée, la création

4. Esclave qui accompagne les enfants, précepteur, maître, dictionnaire Gaffiot, 1932.

de l'instruction publique pour tous, garçons et filles, et plaide pour une « éducation permanente » tout au long de la vie. Après la publication des *Cinq mémoires sur l'instruction publique* (1791), son rapport présenté à l'Assemblée législative en avril 1792 contient l'essentiel de sa pensée en matière d'enseignement. Pensée éminemment importante dans l'histoire de l'enseignement français, puisqu'elle a inspiré tous les progrès éducatifs réalisés pendant le XIXe siècle. En voici les premiers mots :

« Offrir à tous les individus de l'espèce humaine les moyens de pourvoir à leurs besoins, d'assurer leur bien-être, de connaître et d'exercer leurs droits, d'entendre et de remplir leurs devoirs. Assurer à chacun d'eux la facilité de perfectionner son industrie, de se rendre capable des fonctions sociales auxquelles il a droit d'être appelé, de développer toute l'étendue des talents qu'il a reçus de la nature, et par là, établir entre les citoyens une égalité de fait, et rendre réelle l'égalité politique reconnue par la loi. Tel doit être le premier but d'une instruction nationale ; et, sous ce point de vue, elle est pour la puissance publique un devoir de justice. Diriger l'enseignement de manière que la perfection des arts augmente les jouissances de la généralité des citoyens et l'aisance de ceux qui les cultivent ; qu'un plus grand nombre d'hommes deviennent capables de bien remplir les fonctions nécessaires à la société, et que les progrès toujours croissants des lumières ouvrent une source inépuisable de secours dans nos besoins, de remèdes dans nos maux, de moyens de bonheur individuel et de prospérité commune ; cultiver enfin, dans chaque génération, les facultés physiques, intellectuelles et morales, et, par là, contribuer à ce perfectionnement général et graduel de l'espèce humaine, dernier but vers lequel toute institution sociale doit être dirigée : tel doit être l'objet de l'instruction ; et c'est pour la puissance publique un devoir imposé par l'intérêt commun de la société, par celui de l'humanité entière. »

Jules Ferry ne dit pas autre chose, contrairement à ce que pensent ceux qui n'ont de lui qu'une connaissance partielle. Il est loin de sacraliser le « lire, écrire, compter », qu'il rangeait dans la catégorie de « la discipline mécanique de l'esprit » à dépasser. L'historien de l'éducation Claude Lelièvre[5] le souligne à juste titre en rappelant qu'il s'efforçait de promouvoir de « nouvelles méthodes qui consistent, non plus à dicter comme un arrêt la règle à l'enfant, mais à la lui faire trouver ; qui se proposent avant tout d'exciter la curiosité de l'enfant, pour en diriger le développement normal au lieu de l'emprisonner dans des règles toutes faites auxquelles il n'entend rien » (discours du 2 avril 1880). Mais d'autres

5. In *Le Monde*, 4 juillet 2021 ; et *L'École d'aujourd'hui à la lumière de l'histoire*, Odile Jacob, 2021.

considérations inexactes lui sont attribuées, d'après sa « Lettre aux instituteurs » du 17 novembre 1883, dans laquelle il défend « la bonne et antique morale... »
Bien plus tard, que penser des vœux de Lionel Jospin et de Jack Lang en 2001, qui souhaitent « reconstruire l'autorité », plutôt que d'identifier et d'employer de nouvelles formes d'autorité, comme s'il s'agissait de remonter le temps pour en retrouver les vertus supposées, en ignorant les évolutions de la société et de ses aspirations ? Quelle opportunité ratée ! L'autorité d'aujourd'hui emprunte d'autres chemins et se présente sous d'autres formes, même si elle est toujours nécessaire[6]. Nous y reviendrons plus loin.
Dans le domaine psychologique, Piaget, s'appuyant sur ses connaissances du développement des enfants et des conditions les plus favorables pour eux, propose la notion de « self-government » en en précisant les contours, ayant perçu les dérives que cette notion pouvait générer si elle était entendue au premier degré.
Dans un texte de 1934, « Remarques psychologiques sur le self-government », Piaget considère comme manipulatrices certaines pratiques courantes de self-government en usage dans l'éducation nouvelle ; il anticipe, pour la condamner comme illusoire, la tentation de la non-directivité et du « maître camarade » ; il devance la création

6. Patrice Huerre et Philippe Petitfrère, *L'Autorité en question. Nouveau monde, nouveaux chefs*, *op. cit.*

des pédagogies autogestionnaires, leur reprochant dogmatisme et rigidité. L'interaction sociale égalitaire qu'il veut promouvoir à l'école porte en science politique un nom : la démocratie. Mais il convient de la transposer dans le domaine scolaire sans qu'elle soit imposée par les adultes, sans paternalisme, sans dogmatisme idéologique, sans manipulation, bref sans qu'elle relève du respect unilatéral, ce respect que les dominants exigent des dominés. Même si l'asymétrie enfant-adulte doit être réaffirmée.

En 1949, Piaget, encore, affirme que si le rôle de l'éducation est de favoriser le « plein épanouissement de la personnalité humaine » plus que de façonner des individus « selon un modèle conforme aux générations antérieures[7] », alors il convient d'adopter des formes de scolarité permettant une « vie sociale entre élèves, c'est-à-dire un self-government poussé aussi loin qu'il est possible et constituant le parallèle du travail intellectuel en commun », dont il défend par ailleurs l'intérêt.

La quête d'une contestation dialectique apparaît essentielle, comme l'enseignaient déjà Platon et Socrate, de même que l'exercice d'une autorité qui ne procède pas par dires du haut, mais au contraire reconnaît le caractère positif d'une contribution critique.

Le débat politique fait toujours la part belle à l'affrontement des points de vue sur l'école et l'autorité,

7. Jean Piaget, *De la pédagogie*, Odile Jacob, 1998.

dans un mouvement de balancier s'accordant aux époques : entre « il est interdit d'interdire » – pour le libre épanouissement de l'enfant – et une autorité indiscutable de l'adulte. Pendant ce temps, les enfants attendent que ce débat passionné entre adultes laisse la place à un enseignement adapté aux exigences de leur époque. Et que ces derniers cessent ces règlements de comptes dignes de ceux des enfants dans la cour de récréation.

DES JEUNES DIFFÉRENTS ?

Certes, les jeunes d'aujourd'hui ne ressemblent apparemment que peu à leurs prédécesseurs des générations passées. Leurs usages et leurs modes de vie ont considérablement changé, tout au moins pour la majorité d'entre eux.

Il est loin, le temps où les enfants travaillaient et où, même après la loi de 1841 visant leur protection et paraissant alors très en avance, ils « bénéficiaient » d'un régime moins favorable que celui des bagnards de l'époque[8] !

L'eau a coulé sous les ponts, et les enfants rois d'aujourd'hui ont des droits qu'ils savent mettre en avant face à des adultes qui leur rappellent leurs devoirs. « C'est mon droit », entend-on fréquemment dire par des enfants bien jeunes encore, dans les espaces publics. L'appréciation « Ça a bien changé » se retrouve dans tous les témoignages historiques depuis l'Antiquité, alors même qu'elle relevait alors d'une amnésie de leur jeunesse par les anciens, plus que d'une réalité, tant la constance des modalités éducatives était la règle. La mémoire opère son tri entre les souvenirs officiels

8. Patrice Huerre, Martine Pagan-Reymond et Jean-Michel Reymond, *L'adolescence n'existe pas*, Odile Jacob, 2003.

mis en avant sur un mode opportuniste et les autres, refoulés. « Avec une jeunesse pareille, le monde court à sa perte », écrivait déjà Hésiode au VIIIe siècle avant J.-C. Aujourd'hui, la réalité des changements et leur accélération donnent un poids nouveau à cette affirmation, tant les données éducatives, culturelles et technologiques ont été bouleversées ces dernières décennies.

L'échelle du temps générationnel n'est plus de vingt-cinq ans en moyenne, comme cela a été le cas durant les siècles passés. Actuellement, deux jeunes ayant dix ans d'écart peuvent ne pas vivre dans le même univers et avoir le sentiment de différences indépassables.

Une « culture » juvénile mondialisée sert à présent de référence partagée, par tranches d'âge étroites, avec une durée de vie sans cesse plus limitée. En attendant la mode suivante. Comme de courtes vagues qui se brisent sur une plage. La « nouvelle vague » de la fin des années 1950 a eu une durée de vie relativement longue par rapport aux dernières en date.

Les outils numériques et les réseaux sociaux ont fait le reste en contribuant largement et rapidement à effacer les frontières géographiques et sociales, et en renforçant la segmentation par l'âge et le sentiment d'appartenance générationnelle. Leur usage conduit à un néolangage international, avec ses émoticônes et ses abréviations constituant des zones d'échange pour initiés.

Il n'est pas étonnant, dans ce contexte, que les *millenials* et la génération Z soient mis en avant régulièrement pour souligner leurs différences fondamentales d'avec leurs prédécesseurs, ce qu'ils accréditent volontiers. D'autant plus que cela leur sert de point d'appui dans leur recherche juvénile d'identité. Quoi de mieux que d'être désigné comme différent, surtout de ses géniteurs ?

Il faut dire que leurs compétences psychomotrices, entre autres, en particulier digitales, se sont accrues considérablement. Comme cet adolescent au collège qui me décrivait sa manière d'être en cours, écoutant et regardant l'enseignant faisant son cours en même temps qu'il envoyait des SMS à ses amis et voisins de classe à l'aide de son smartphone caché sous la table. Une dextérité pouvant susciter de la jalousie chez les adultes, ces « vieux » qui tapent maladroitement sur leur clavier avec un ou deux doigts !

Observons les vêtements, autre indicateur d'une époque, tels qu'ils sont portés par les *millenials* et par leurs cadets, à peine passé la porte du collège. Ils remplacent les uniformes d'antan, à ceci près qu'ils sont choisis par les intéressés et non par leurs enseignants ou parents. Et malheur à celui ou celle qui n'adopterait pas les codes en vigueur dans l'établissement. Une tyrannie de l'uniforme à l'envers, en quelque sorte.

Mais on aurait tort d'interpréter ces changements comme les signes d'une mutation des enfants et des adolescents. Il ne s'agit là que d'apparences. Ils ne sont ni des extraterrestres ni des mutants. Les enjeux fondamentaux auxquels ils sont confrontés en grandissant n'ont pas changé : il leur faudra composer avec un corps en transformation et des désirs sans issue acceptable pendant encore quelque temps.

RAPPEL DES INVARIANTS HUMAINS…

Quelle que soit l'époque, la croissance du petit humain a toujours pris le même temps moyen, qui diffère d'une région du monde à une autre selon les conditions alimentaires et l'ensoleillement, entre autres facteurs déterminants. Car devenir adulte suppose un cheminement préétabli, en dehors des situations pathologiques ou des interventions extérieures qui peuvent en avancer ou en retarder le rythme.

Tous les enfants passent par les mêmes étapes : l'apprentissage de la parole et de la marche ; celui de la propreté et de la relation aux autres ; celui de la lecture, de l'écriture et du calcul…

Puis vient la puberté. Parallèlement aux changements visibles qui se produisent alors, le corps adolescent est le support de représentations de soi parfois très décalées par rapport à la réalité perçue par les autres. L'image de soi est à reconstituer, tant les apparences ont changé. Celle que l'enfant s'était constituée progressivement a disparu, laissant la place à celle d'un inconnu, sauf à travers les rappels des proches et les photos souvenirs. Ce décalage est source de nombreuses questions et, chez certains, de souffrances conduisant à des manifestations difficiles à comprendre si on en oublie la cause.

C'est ainsi que certains retraits scolaires, isolements ou, à l'inverse, certaines provocations et transgressions trouvent leur origine dans la difficulté pour l'adolescent à accepter la nouvelle image de lui-même que lui renvoient le miroir et, par extension, le regard des autres.
Il en va de même pour la sexualité, qui est désormais réalisable physiquement, une fois démarrée la puberté, mais source de nombreuses interrogations. S'ajoute à cela la confluence entre les enjeux affectifs et sexuels, aussi délicate à établir au XXIe siècle que dans les temps antérieurs. La maturation physique nécessite toujours le même temps incompressible en parallèle de l'« éducation sentimentale ». Le temps de la maturation affective n'étant pas le même que celui de la maturation physique, cette différence de rythme n'est pas sans poser problème.
Rappelons que, quoi qu'on dise sur la précocité des jeunes d'aujourd'hui, la première relation sexuelle intervient toujours à 17 ans en moyenne. Le décalage est grand entre les représentations de la jeunesse par les adultes et la réalité de son développement. Mais, et c'est là un élément récent déterminant, entre la fin de l'enfance et le début de l'adolescence, un jeune sur deux a eu accès à des images pornographiques ! C'est un changement considérable qui empêche la fantaisie sexuelle de se déployer à distance d'une réalité aussi attractive que menaçante. Cette rêverie à propos de

la sexualité à venir est alors court-circuitée par la crudité des corps en action. Ces images sont inassimilables durant quelques années, et donc potentiellement traumatiques, faute d'une maturité physiologique suffisante pour leur donner sens. C'est le cas pour de nombreux enfants en fin de cycle scolaire primaire. Cherchant à s'en dégager, certains optent pour le passage à l'acte, comme s'ils pouvaient ainsi se débarrasser des questions irrésolues. Tandis que d'autres se replient dans une inhibition qui perturbe leurs investissements scolaires et relationnels, jugés trop « chauds » et donc menaçants. Et ils s'entendront dire : « Exprimez-vous », alors même qu'ils redoutent que leur trouble soit visible, opérant un repli stratégique dans l'inhibition, alors même qu'ils pourraient sans doute répondre dans d'autres circonstances.

Parmi les invariants figure aussi la quête identitaire inhérente à chaque jeune qui grandit, plus ou moins accompagnée par la société du moment, qui en a longtemps prédéterminé les contours. Pour ce faire, l'enfant puis l'adolescent s'appuient sur des figures adultes investies auxquelles ils s'identifient. Il fut un temps où le rôle que chacun devait tenir selon son âge était établi par avance, ne laissant que peu de champ à l'autodétermination et aux questions. La reproduction était la règle : tel père, tel fils ; telle mère, telle fille ! Il en allait de même pour les places dans la société. Il suffisait de suivre le chemin, au risque, sinon, d'une exclusion du groupe d'appartenance.

Le besoin d'inscription dans une histoire était satisfait par la force des choses, au prix d'une soumission à une destinée imposée. Seuls quelques-uns réussissaient à s'extraire de ce qui leur était assigné. Quant aux jeunes filles et aux femmes, à de rares exceptions près, elles ne le pouvaient qu'en entrant dans une « mauvaise vie », à défaut des « ordres » religieux.

Un autre sujet est mis à mal depuis quelques décennies : c'est celui de l'héritage, qui a toujours été un enjeu central à l'adolescence. Qu'il s'agisse de l'apparence physique, des traits de caractère ou de la personnalité. Il y a ceux qui estiment ne rien devoir à leurs ascendants et ceux qui se refusent à toute évolution par peur du nouveau, dans un repli identitaire défensif. Que faire de l'histoire de sa famille, de sa culture d'origine, de celle d'une communauté ou de l'histoire nationale ? Et qui devrait être en charge de leur transmission ? Les unes sont à l'évidence du ressort de la famille, tandis que l'histoire nationale est de la responsabilité de l'école républicaine, sans confusion des rôles. L'école instruisait et inscrivait dans l'histoire du pays, tandis que la famille racontait son histoire et sa culture.

Depuis toujours, la question qui préoccupe quand on grandit est bien de se différencier de ses géniteurs sans nier l'histoire d'où l'on vient. Tel est l'élément singulier

avec lequel chacun doit composer : reconnaître la base parentale sur laquelle on repose pour pouvoir s'en différencier. Ce qui ne veut pas dire renier les fondations sur lesquelles on s'appuie, car le risque est alors de s'effondrer. Cette question reste d'une actualité aiguë.
Car c'est précisément la présence d'un cadre de référence qui induit la possibilité d'expérimenter d'autres modalités d'être, à condition de disposer d'une base infantile dotée de suffisamment d'estime de soi et de sécurité intérieure. C'est un paradoxe apparent, au cœur des enjeux adolescents.

… ET DE CE QUI CHANGE

Il en va tout autrement de nos jours. Chacun est censé définir qui il est, y compris dans son identité sexuelle. Le choix identitaire est présenté comme un droit individuel, aboutissement d'une longue maturation plus proche de l'auto-engendrement que de l'héritage imposé, même si ce dernier peut évidemment être partiellement transformé par la vie singulière de chacun. Le désir de ne pas être « genré(e) » et la possibilité médicale de s'émanciper de son sexe anatomique comme déterminant de son identité sexuelle en sont des exemples particulièrement marquants ces dernières années.

En peu de temps, les consultations pédopsychiatriques motivées par ce sujet ont connu partout en France une inflation considérable. Il n'est pas une unité d'hospitalisation pour adolescents (parfois très jeunes) qui ne connaisse ce phénomène : un pourcentage important des jeunes qu'elles accueillent sont concernés (de l'ordre d'un tiers du groupe, parfois). L'embarras des adultes qui y sont confrontés est à la mesure du niveau d'exigence de ces adolescents qui imposent d'être nommés et vêtus autrement que ce que leur état civil – qu'ils demandent à modifier rapidement – et leur anatomie commandent. Imaginez les parents face à l'exigence impérieuse de leur enfant, tiraillés entre leur idéal éducatif de respecter ses choix et leurs références et projets mis à mal.

Il serait étonnant que l'école échappe à ces débats, du fait de la dynamique groupale des adolescents, de l'influence des réseaux sociaux et de l'intérêt d'avoir le sentiment d'avoir ainsi trouvé la réponse à ses doutes identitaires. Bon nombre d'établissements scolaires sont d'ores et déjà conduits à y réfléchir.

Outre le fait qu'il y a toujours eu des évolutions, le monde actuel est particulièrement imprévisible, et ce, dans un laps de temps réduit. Qu'il s'agisse des enjeux climatiques qui se précisent avec leur cortège de sécheresse, d'inondations ou de tempêtes inédites, ou des relations internationales faites d'incertitudes et de recompositions permanentes. Tout cela a bien évidemment déjà été constaté par le passé. Mais le rythme s'est accéléré singulièrement, de manière telle que ce qui s'observait sur des périodes très longues se produit maintenant dans le temps d'une année. Et que ce qui affecte une région du bout du monde est immédiatement connu du monde entier, même dans les zones les plus reculées.

Les progrès techniques permettent à présent des déplacements à une vitesse inégalée et la création d'outils nouveaux extrêmement réactifs. En particulier dans les domaines du numérique et de l'information, mettant à la disposition de tous des données jusqu'alors accessibles à quelques-uns seulement. Il n'y a plus d'endroit au monde, même le plus distant, qui échappe à Internet ; il est désormais possible de voyager dans l'espace… à condition d'être fortuné.

Tous ces bouleversements de notre rapport au temps et à l'espace font de notre époque un équivalent d'adolescence[9] qui rend d'autant plus difficile l'inscription dans le temps long des apprentissages et de l'école. Les programmes qui nécessitent du temps pour porter leurs fruits n'ont plus la cote. On veut des résultats, et rapidement ! Nous sommes passés dans l'ère du tout, tout de suite. Un rapport au temps adolescent. Une ivresse fulgurante comme idéal, l'excitation face aux écrans, le *binge drinking*[10] et la satisfaction immédiate d'un désir réduisent la grammaire des conjugaisons au temps présent. Le futur, c'est ce soir ou demain, au plus tard. Quant au passé, il ne présenterait aucun intérêt pour éclairer les enjeux du jour. Le monde a tellement changé ! Les témoignages des anciens sont au mieux considérés comme pittoresques. La transmission de l'expérience est jugée sans intérêt face à une situation fondamentalement différente, totalement inédite.

Mais quand bien même ce serait vrai, l'humain a besoin de références autant que d'une inscription dans une histoire dont il est issu. Il n'est pas tombé du ciel.

9. Patrice Huerre et Mathieu Laine, *La France adolescente*, J.-C. Lattès, 2013.

10. Patrice Huerre et François Marty, *Alcool et adolescence. Jeunes en quête d'ivresse*, Albin Michel, 2007.

Certains soutiennent pourtant que seuls les *digital natives* peuvent apporter une contribution utile aux questions qui se posent, et en instantané par le biais des réseaux sociaux et des *chats*, entre autres. L'un des réseaux sociaux les plus prisés actuellement (mais leur durée de vie et d'usage est extrêmement limitée) par cette génération ne s'appelle-t-il pas Instagram ? Ça émerge, diffuse et disparaît. Place au suivant, car il s'agit de ne pas être rattrapé par les adultes… Facebook, c'est pour les vieux !

L'impatience est la règle. Les start-up sont érigées en modèles. Steve Jobs ou Elon Musk, en héros des temps modernes. En vingt ans, ce dernier est passé de l'université à l'espace, dépassant la puissance créative de pays comme les États-Unis…

Et peu est fait pour éduquer les enfants dès le plus jeune âge à l'importance de la mise en perspective, du recul, de la distanciation et de la culture pour aider à comprendre le présent et à préparer l'avenir. Pour éviter d'être trop aisément soumis aux sirènes de la modernité. Ces vertus ne sont pas réellement mises en avant. On n'entraîne encore pas assez les enfants à l'exercice de l'esprit critique, au profit de la spécialisation, de l'adéquation au marché de l'emploi. Ce qui compterait serait de s'ajuster le mieux possible au présent. Et tant pis si demain, ce sera déjà obsolète. Il faut que les choix soient utiles, mais à court terme. Combien d'élèves et d'étudiants ou d'apprentis, formés, sous couvert de perspectives d'emploi, à des activités menant à des voies spécialisées qui ont disparu, se sont retrouvés au chômage ou contraints de déménager loin de chez eux, faute de débouchés ?

Dans ce contexte réactif, il n'est pas étonnant que de plus en plus d'enfants soient catalogués « hyperactifs ». Et que les comportements impulsifs gagnent du terrain chez les adolescents comme chez les jeunes adultes, à la recherche d'une réponse immédiate à leurs aspirations du moment, écartant du même coup tout risque de frustration face à une limitation extérieure. Et cela s'observe dès la crèche et la maternelle ! Il s'agit là du mode de fonctionnement habituel des adolescents, pour lesquels l'avenir, c'est ce soir ou le week-end suivant. Alors prendre conscience des conséquences lointaines d'un décrochage scolaire sur sa vie d'adulte, ce sera pour plus tard.

Cette façon de voir les choses est constitutive de l'adolescence. Ce qui est nouveau, c'est que tout l'environnement sociétal, stimulé par les médias, va dans ce sens et renforce cette tendance.

Dès lors, il faut « kiffer », il faut de l'adrénaline, tout en négligeant les dangers qui peuvent résulter de la situation. Mais qui n'a pas connu le plaisir des prises de risques ? La différence est que ce qui se pratiquait de manière ponctuelle et se limitait à quelques-uns est à présent largement répandu. La recherche de sensations fortes à court terme pour soutenir un sentiment d'existence peut devenir nécessaire : s'exciter pour exister est alors la règle, avec de l'alcool ou des psychostimulants, par exemple, mais aussi à travers des pratiques physiques risquées.

C'est dire combien l'ennui est vite ressenti par l'enfant durant le temps scolaire – et la distraction, un recours.

L'enfant d'aujourd'hui est par ailleurs de plus en plus souvent occupé par plusieurs activités en simultané ou en succession rapide. Son attention est labile, son rapport au monde superficiel. Il est habitué au zapping, aux images qui se succèdent à vive allure. Il faut dire que l'exemple d'adultes qui disent s'intéresser à vous tout en regardant leur smartphone n'est pas rare !

Alors comment réagir face à ces changements majeurs ? Il ne s'agit pas de s'aligner sur eux de manière démagogique dans l'espoir de garder un lien avec les élèves. Il ne s'agit pas non plus de les nier en mettant en place une sorte de rééducation forte pour endiguer ce qui dérange les apprentissages.

Ces modifications importantes s'accompagnent d'une pseudo-maturité plus précoce et trompeuse. Pseudo, car elle est de surface. Elle répond à l'attente des parents qui rêvent de précocité pour leur enfant. L'idéal mis en avant est d'être en avance sur les autres, dans une sorte de course à la première place dès la crèche… Ce qui garantirait, pensent de nombreux parents, un avenir plus sûr à leurs descendants. C'est dire la pression parentale exercée sur l'école, laquelle est censée répondre à ces attentes. «Toujours plus vite», en réponse aux injonctions sociétales et aux modèles mis en avant sur la Toile, tel est le mot d'ordre. Ce que l'on retrouve aussi dans les échanges entre parents comparant les prouesses de leurs rejetons.

Les investissements prioritaires de la nouvelle génération sont bien différents, se portant sur l'écologie, la mondialisation des enjeux, la justice, la solidarité, etc., loin des projets parentaux et de ceux de l'école.

Dans un autre registre, quiconque ne maîtrise pas l'usage des ordinateurs, des tablettes numériques, des réseaux sociaux est rapidement mis en situation de handicap. Les démarches administratives s'effectuent en ligne, laissant sur le bord de la route tous ceux et toutes celles qui ne sont pas équipés ou se débrouillent mal.

Alors, me direz-vous, l'ordinateur en classe ne devrait pas poser de problème. Erreur ! La fréquence de l'usage des TIC (technologies de l'information et de la communication) par les enfants et les adolescents pour être en lien avec leurs «amis» ou jouer à des jeux vidéo ne s'accompagne pas de compétences équivalentes pour un usage scolaire, tel que le traitement de texte, ou pour l'accomplissement de démarches administratives...

Encore une fois, c'est l'inscription dans une temporalité plus longue qui fait obstacle.

Il reste à relever une autre donnée importante : le statut de l'enfant a subi des transformations majeures.

Inexistant juridiquement comme dans les représentations avant la fin de l'Ancien Régime car considéré comme un adulte miniature, il a progressivement pris de l'importance, une importance renforcée par l'apparition de la notion d'adolescence vers le milieu du XIXe siècle[11], accordant aux mineurs une protection et des droits à la scolarité comme à la santé. Ainsi qu'une juridiction différenciée par le biais de tribunaux pour enfants et de juges pour enfants, il y a un peu plus d'un siècle.

Depuis mars 2000, les enfants disposent d'un défenseur rattaché au Défenseur des droits, et c'est tant mieux. Les abus et autres maltraitances dont ils sont trop souvent encore l'objet justifiaient pleinement cette création. Mais droits de l'enfant (ou plutôt du mineur) ne signifie pas absence de devoirs. « J'ai bien le droit de… », clame le petit quand il s'estime frustré ou doit attendre pour obtenir ce à quoi il aspire. Et ce, parfois dès le plus jeune âge.

C'est le même cheminement qui a conduit les malades, pendant longtemps mis en position de soumission

11. Patrice Huerre, Martine Pagan-Reymond et Jean-Michel Reymond, *L'adolescence n'existe pas*, *op. cit.*

face aux décisions médicales les concernant, à devenir des patients, tout en étant toujours autant considérés comme devant être patients, ainsi que le mot l'indique ! Récemment, une nouvelle appellation leur a été affectée : usagers. Comme les consommateurs, ils ont désormais leurs défenseurs sous la forme de représentants des usagers et d'une Commission des usagers (CDU) qui a pour mission de veiller au respect de leurs droits, de participer à la politique menée dans l'établissement de soins et d'être associée à l'organisation des parcours de soins ainsi qu'à la politique de qualité et de sécurité. Quelles similitudes avec les établissements scolaires, dont les enfants seraient les usagers et non plus les élèves !

L'ÉCOLE

L'école justement, parlons-en. Prépare-t-elle les enfants d'aujourd'hui au monde qui sera le leur et le nôtre dans vingt ans ? Ou doivent-ils se débrouiller seuls, au risque de pousser sur un mode sauvage ?
Quelles sont les missions de l'école actuelle ? Doit-elle former des esprits critiques, inventifs ? Valoriser la créativité et l'audace ? Et en a-t-elle la capacité ?
Voici quelques-unes des questions qui se posent, au-delà de sa vocation à fournir un socle de connaissances partagées, ce que l'école primaire d'antan faisait si bien avec ses instituteurs, les « hussards noirs de la République » dont parlait Charles Péguy.
Encore faudrait-il prendre en compte les modalités de fonctionnement nouvelles de nos enfants et les attentes inédites du monde.
Et pourtant, s'il est des professionnels aptes à connaître les jeunes, ce sont bien les enseignants. Ils les fréquentent quotidiennement, au singulier comme au pluriel. Ils perçoivent bien leurs manières de vivre et de penser, autant que leur façon d'être en groupe, même s'ils n'ont que très peu accès à leur vie hors des murs de l'école. Cette vie qui justement a tellement changé. Bien sûr, beaucoup d'enfants participent à des activités culturelles ou sportives durant leur temps libre ;

bien sûr, le travail scolaire attendu occupe toujours un temps non négligeable. Mais que savent les professionnels de l'enseignement de ce qui les passionne ? La question des investissements des enfants est-elle seulement posée ? Il s'agirait d'aborder leurs sujets de prédilection d'un point de vue adulte, non parental, qui ne se contenterait pas d'envisager les risques ou les inconvénients de leurs pratiques, mais permettrait aussi qu'elles deviennent les supports de recherches complémentaires de connaissances et de mises en perspective. Comme les parents dont l'enfant est « scotché » à son écran gagneraient à demander à partager ce qui le passionne tant, sans être obligés pour autant d'en éprouver le même plaisir. Ils pourraient ainsi mieux identifier ses intérêts et ses compétences, y compris dans des jeux vidéo guerriers, et mieux faire connaissance avec lui, au-delà de ses usages mystérieux. Encore que les jeunes parents actuels aient souvent baigné dans les univers virtuels, contrairement à leurs prédécesseurs. Partager un temps de jeu ne signifie pas renoncer à toute critique, mais critiquer en connaissance de cause et non sur des représentations *a priori*. Ce qui est bien différent.

Or les pratiques actuelles des jeunes sont le plus souvent considérées comme inadéquates par des adultes oublieux de leurs velléités juvéniles. Elles doivent donc prendre le maquis, donnant l'impression que les enfants n'ont pas d'intérêts notables, ou ont des intérêts proscrits, et qu'ils subissent l'enseignement prodigué, au mieux patiemment mais parfois avec rejet, attendant le retour à la maison, derrière la porte fermée de leur chambre, pour revenir à la vie.

La défiance s'installe alors. Une défiance réciproque qui rend parfois les temps partagés pesants pour les uns comme pour les autres et fait obstacle à une reconnaissance mutuelle. Le spectacle d'une famille au restaurant est, à cet égard, parlant : quand chacun n'est pas sur son smartphone, les échanges sont bien souvent à sens unique à partir de l'âge de la puberté. C'est dire le chemin à parcourir pour retrouver une familiarité suffisante avec les plus jeunes et permettre que chacun refasse connaissance avec l'autre.

Aux prises avec autant d'attentes contradictoires de la part des parents, des enseignants et de la société, quel rôle l'école pourrait-elle jouer dans la construction des enfants, les adultes de demain ?

Comment pourrait-elle trouver une adéquation meilleure de ses offres pour mieux préparer cette génération du futur aux défis de demain ?

Partons du constat de son organisation.

Elle est toujours verticale, s'appuyant sur le sacro-saint programme, qui rassure l'ancien élève devenu enseignant, toujours sensible aux prescriptions de l'autorité qui lui sont familières. Car l'enseignant, dans son exercice professionnel, ne peut faire appel qu'à ses souvenirs de l'école, du collège et du lycée et à la façon dont il a appris, ainsi qu'à la formation qu'il a reçue et aux stages qu'il a dû effectuer, n'ayant quasiment jamais l'occasion d'observer la façon dont procèdent ses collègues.

En outre, les échelons hiérarchiques sont nombreux et ne peuvent être gravis que marche après marche, en montée comme en descente, faisant de l'institution un « mammouth » peu agile, alors même que l'époque réclame souplesse et réactivité. L'absence de réactivité restreint les capacités d'adaptation locales au minimum indispensable.

Le contraste est flagrant avec les usages des élèves et leurs modalités préférentielles de fonctionnement. Ces dernières se déploient avant tout sur un mode horizontal dans cette génération dotée d'Internet et des réseaux sociaux, où les informations circulent à grande vitesse, les meilleures comme les pires.

Comment ne pas penser à des manières d'enseigner qui tireraient parti de ces caractéristiques non pour s'aligner sur elles, mais pour dynamiser les investissements scolaires et les faire entrer, plus ou moins, dans cet univers ? Même si, dans certaines académies, la formation des formateurs (CAFFA, certificat d'aptitude aux fonctions de formateur académique) s'est développée pour atteindre ensuite les enseignants au sein d'« établissements apprenants », la situation demeure globalement figée. Et beaucoup de parents préféreraient sans doute que ce soit leur enfant qui soit « apprenant ».

L'école républicaine visait l'enseignement pour tous afin de permettre l'exercice d'une citoyenneté suffisamment éclairée. Aujourd'hui, « tous » a été remplacé par « chacun ». Place à l'individualisation des parcours, aux projets personnalisés pour que chacun puisse développer ses intérêts et ses potentialités. Des assistances à la vie scolaire et autres accompagnements sur mesure sont mis en place selon la situation particulière de chacun. Qui pourrait en contester les bonnes intentions ?

Mais quel écart entre le projet global initial dévolu à l'école et le « sur-mesure » apparent actuel ! Et pourtant, tous les élèves partagent la même manière de rechercher des informations et la même sensibilité aux écrans. Comment s'opère la rencontre des enfants avec l'école aujourd'hui ?

On retrouve les mêmes constantes depuis que l'école existe. Il y a toujours de « bons élèves » studieux, désireux d'apprendre et donnant satisfaction autant à leurs parents qu'à leurs professeurs[12].

Mais il y a aussi toujours des chahuteurs et des « décrocheurs » qui préfèrent faire l'« école buissonnière », pour

12. Même si, dans mon domaine professionnel, je vois combien des aides nécessaires peuvent être mises en échec par des jeunes filles présentant des troubles des conduites alimentaires de type anorexie et par des « hauts potentiels intellectuels » (HPI) du fait qu'ils valorisent grandement les pédagogues.

toutes sortes de raisons, méritant une évaluation psychologique précise. Car les remèdes ne sont pas les mêmes selon qu'il s'agit d'un trouble dépressif ou phobique, ou de provocations pour attirer désespérément l'attention, ou encore d'un jeune harcelé qui n'ose en faire part[13].

N'ayant plus accès à ces élèves, beaucoup d'adultes renoncent et laissent filer, au grand désespoir des intéressés, qui se gardent bien de l'exprimer ainsi.

Mais quelques audacieux, non dupes des conduites d'évitement de l'école de ces jeunes, prennent des initiatives tout à fait intéressantes. Ne considérant les élèves en perdition ni comme « paresseux » *a priori* ni comme incapables d'investissements, ils ajustent leur offre pédagogique pour la rendre de nouveau suffisamment attractive, le temps de relancer la « machine intellectuelle » et que celle-ci retrouve le plaisir de penser. Car ces jeunes réputés paresseux montrent par ailleurs des capacités de concentration et d'attention incomparables dès lors qu'une motivation existe. Quand l'ennui paralyse l'esprit, les discours du type « Faites des efforts » se heurtent à une résistance à la hauteur de ce qui est vécu comme intrusif, voire menaçant.

Même si elles sont quantitativement extrêmement limitées, ces initiatives sont des alternatives à l'abandon

13. Patrice Huerre (dir.), *L'Absentéisme scolaire. Du normal au pathologique*, Hachette Littératures, 2006.

ou aux mesures inadéquates. Elles ouvrent la voie à des manières de restaurer des investissements laissés de côté pour autant de raisons qu'il y a de situations individuelles différentes.

Car derrière leurs empêchements d'apprendre à l'école se cachent souvent des jeunes curieux et talentueux. La confrontation à des offres et à des professionnels investis permet le dévoilement de leurs compétences.

Ainsi, cet adolescent hors jeu scolairement en fin de collège, éprouvant un ennui flagrant en cours, mais rêvant de la destinée d'un grand-père officier de marine, figure modèle, dont il allait regarder l'uniforme rangé dans un placard chaque fois qu'il se rendait chez lui.

À l'âge de la fin de l'obligation scolaire, son père, lassé de soutenir en vain des études délaissées, lui enjoignit de gagner sa vie de façon autonome. Fort de sa passion, il se fit recruter comme mousse sur un navire marchand, où son intérêt pour la navigation attira l'attention du commandant. Ce dernier lui indiqua une formation pour gravir les échelons professionnels, ce qu'il fit avec enthousiasme. Puis, dans un port, un sous-officier de la Marine nationale lui apprit qu'il était possible de passer un concours pour y entrer. Il le passa avec succès et franchit l'étape suivante grâce à son investissement et à son adaptation évidente à la mer. Il put ainsi passer le concours d'accès au rang d'officier et rejoindre ceux qui avaient réussi le concours de l'École navale. Officier à l'issue de ce cursus, il commanda divers navires avant de terminer sa carrière brillamment.

Ou cet autre dans la même situation d'échec scolaire, parti aux États-Unis, où il exerça différents petits métiers, comme celui de pompiste, puis de groom dans un hôtel. Le patron d'un établissement dans lequel il exerçait lui conseilla, au vu de son savoir-faire, de reprendre des études pour accéder à des postes à responsabilités. Ce qu'il fit dès son retour en France tout en travaillant la nuit à la réception d'hôtels. Il contourna l'obstacle du bac par le biais du DAEU (diplôme d'accès aux études universitaires, malheureusement très méconnu !), puis entreprit des études de droit. Il se spécialisa dans le droit du travail et devint DRH dans l'hôtellerie, dont il connaissait particulièrement bien les métiers de l'intérieur…

Pour faire face à ces désinvestissements scolaires, des pratiques nouvelles et adaptées à leur public émergent régulièrement. Mais elles sont peu nombreuses et peu connues du grand public. Assez vite, elles peuvent modifier profondément le rapport au savoir, sans enfreindre leur mission de service public et leurs objectifs d'apprentissage. Et ce, par des voies qui tiennent compte du programme, certes, mais aussi du chemin permettant d'y parvenir.

Voici deux exemples qu'il m'a été donné de connaître.

Le premier se situe à Bobigny, entre les embranchements d'autoroutes et de voies rapides, dans une zone jugée difficile, marquée par l'indiscipline et l'absentéisme, ainsi qu'un certain désespoir des enseignants. Sous l'impulsion d'un nouveau principal du collège, Joseph Rossetto (qui exerça ses fonctions là-bas de 1998 à 2008), passionné par son métier et ayant le goût de transmettre, les pratiques pédagogiques se sont appuyées sur la culture et la curiosité des élèves, qui ne savaient où déployer celle-ci dans leur univers de vie plutôt désespérant. Des liens avec les institutions culturelles des environs ont été noués, des projets partagés. Avec l'aide de mécènes, un voyage en Italie a pu être organisé pour découvrir les œuvres de la Renaissance, parfois au prix de longues marches permettant de rejoindre une chapelle riche en histoire et en peintures ou tout autre patrimoine architectural. Une pièce de théâtre a été montée et présentée, en partenariat avec une troupe locale… Les connaissances nécessaires pour mener à bien ces projets ont été dispensées aux élèves, pour qui elles prenaient sens. Tout cela a donné d'eux une image bien différente, aussi bien à leurs parents qu'aux habitants de la commune. Ils n'étaient plus des semeurs de troubles, désobéissants et incivils. Voici ce que disait ce principal : « C'est à partir des projets créés dans ces trois établissements que nous avons engagé les adolescents dans une école où l'on conçoit l'expérience comme l'axe central de toute forme de connaissance. L'école est pensée comme un voyage d'études avec plusieurs points d'ancrage : le travail sur la langue, sur les cultures incarnées dans le corps par la pratique du théâtre, de la danse contemporaine, du cinéma, et par le voyage. Une attention toute particulière est accordée à l'accompagnement, à la relation et à une éthique de la parole. » Tout un programme…

Le succès de cette pratique a-t-il été partagé ? Des articles publiés ? Surtout pas ! Là où ça bouge, il ne faudrait pas trop le montrer… ou alors derrière une vitrine pour un temps limité.

Il en a été de même pour un certain nombre d'initiatives heureuses, dont celle de Gilbert Longhi. Celui-ci a dirigé durant plusieurs années le lycée du Temps Choisi à Paris et a réussi à remettre en selle de nombreux élèves décrocheurs qui désespéraient leurs familles et leurs professeurs. Certes, cela passait par des pratiques peu habituelles en milieu scolaire, tel le cirque. Mais la restauration d'une meilleure image d'eux-mêmes et de leurs capacités et intérêts relationnels a permis de relancer les investissements intellectuels mis de côté.

Ces responsables innovants ont souvent été victimes de leur succès, mutés pour le bien public dès lors que leur notoriété risquait de remettre en question d'autres approches, plus académiques.

L'adéquation entre les objectifs – partagés – et les moyens de les atteindre est évidente.

L'école 42 de Xavier Niel, créée à Paris en 2013, en est une illustration supplémentaire.
Voici la présentation qu'en fait son fondateur : « 42 est la première formation en informatique entièrement gratuite, ouverte à toutes et à tous, sans condition de diplôme et accessible dès 18 ans. Sa pédagogie est basée sur le *peer-to-peer learning* : un fonctionnement participatif, sans cours, sans professeur, qui permet aux étudiant(e)s de libérer toute leur créativité grâce à l'apprentissage par projets. » Il estime que cette vision de l'apprentissage préfigure ce que celui-ci devra être demain.
Cette initiative vise à former des jeunes aux métiers de l'informatique. Ils ont bien souvent décroché de l'école depuis quelque temps, et pourtant ils doivent attendre un long moment avant d'accéder au processus de formation dans « la piscine », où ils passent de longues journées à apprendre seuls ou/et en groupe, certains dormant même sur place ! J'ai connu l'un de ces jeunes gens : il était totalement réfractaire au lycée, « séchant » un cours sur deux, en particulier le matin à la suite d'une longue nuit passée sur des écrans, et ne parvenait pas à aller jusqu'au bac, malgré des compétences intellectuelles tout à fait bonnes. Dès lors qu'il a eu connaissance du projet et a pu visiter les locaux, sa détermination à entrer dans l'école 42 a été forte. Il n'a raté aucune épreuve préalable et a pu l'intégrer

grâce à son investissement, révélant à son entourage, jusque-là désespéré, les qualités qui étaient les siennes.
Deux autres initiatives heureuses et audacieuses ont vu le jour, la première à Annecy, la seconde à Toulouse, sous l'égide du groupe Clinea Psychiatrie France, pour inciter des élèves ayant décroché du lycée à reprendre place dans la scolarité. Ces jeunes étaient presque tous en situation de repli chez eux, sans vie sociale autre que virtuelle, arrêtés dans leur parcours d'études, souvent aux prises avec des phobies sociales ou des affects dépressifs et anxieux.
Il a été proposé à l'Éducation nationale un partenariat visant à partager les temps de soins et les temps d'études entre l'hôpital de jour d'une clinique et un lycée voisin volontaire. Sur la base d'un engagement volontaire, un parcours de réintégration sur trois mois renouvelables est établi pour des jeunes, en association étroite avec leurs parents. Une fois par mois, les personnes impliquées – enseignants, élève bien sûr, parents et soignants – se réunissent pour faire le point sur l'avancée du projet.
Durant le temps au lycée, un groupe à faible effectif est mis en place par des enseignants dans une classe dédiée à ces jeunes, leur permettant de reprendre goût à des temps partagés, de remettre en marche les investissements intellectuels et culturels, avant de penser programme au sens étroit du terme.

À la clinique, l'autre demi-journée, la prise en soins groupale, en plus des temps individualisés, vise à diminuer les angoisses et à tenter de leur donner un sens, à accompagner les parents dans la démarche et à anticiper les besoins d'aide après la réintégration scolaire prochaine.
Les résultats dépassent ce qui avait été imaginé : 90 % de ces jeunes reprennent ensuite le chemin de leur lycée (certains ayant dû refaire un parcours de trois mois complémentaires) et ne sont plus suivis médicalement que pour des soins ambulatoires.

Une donnée ressort de toutes ces expériences : l'importance du rétablissement des liens avec le monde extérieur chez des jeunes qui ont mis en place un système défensif stérilisant, privilégiant l'opposition comme manière d'être en relation. Au rebours d'une école forteresse coupée du monde, forte de ses certitudes, à l'instar de ces lycéens ou étudiants qui se coupent du monde réel, comme cela est observé dans le phénomène de l'hikikomori. Décrit au Japon comme très préoccupant et touchant un pourcentage significatif des 15-30 ans, ce phénomène s'observe dans beaucoup d'autres pays, dont la France. Il s'agit de jeunes hommes, principalement, coupés de toute vie sociale durant des mois et ne sortant (souvent la nuit) que pour subvenir à leurs besoins de base. Ils se soustraient ainsi aux pressions familiales et sociales, qu'ils estiment trop importantes, et suscitent un sentiment de honte dans leur entourage. Retisser progressivement des liens supportables avec les autres, et pas seulement de façon virtuelle, réinvestir un fonctionnement intellectuel, tels sont les enjeux à mobiliser avec des tiers.

Qu'il s'agisse de faire appel à des médiateurs éducatifs ou culturels et autres partenaires extérieurs ou d'aller à la rencontre des élèves. Dans les classes relais, par exemple, des coordinateurs, qui travaillent directement avec les équipes sur le terrain, observent et accompagnent les élèves. Ils leur redonnent des règles, des missions : être à l'heure, retourner suivre un cours, rester une demi-journée à l'école. Ils leur proposent des activités en extérieur. Ils réamorcent la confiance en soi par des actions réussies. Ce qui les remotive et peut leur donner envie de retourner à l'école pour apprendre. Mais, dans ce cadre *a priori* favorable, les professeurs principaux organisent parfois des entretiens (c'est une obligation réglementaire) avec leurs élèves sans intention assez précise pour aboutir à un résultat concret et mesurable dans le temps. Il faut y remédier et se demander comment en rendre compte pour en garder une trace. Un retour individualisé permettrait de mettre le doigt sur les acquis ainsi que sur les lacunes.

Car il importe de mettre en place des parcours de développement de compétences des élèves. Hélas, le programme renvoie à plus tard ce projet. Comme si l'on ne tenait pas compte du temps nécessaire à chacun pour apprendre ni des erreurs comme source de progrès. Souligner ce qui marche autant que ce qui ne marche pas n'est pas encore la règle. Le positif est considéré comme attendu et donc non important à relever, tandis que le négatif est toujours repéré et pointé. Le rapport à la notation demeure dominant, pour les parents comme pour les enseignants.

Et il y a toujours aussi peu de place pour le développement du sens critique, qui est souvent confié à un(e) enseignant(e) d'histoire-géographie ou à un(e) documentaliste, par exemple, et n'est pas soutenu transversalement par l'ensemble des disciplines.

L'un des moyens d'évoluer ne pourrait-il être du type de celui auquel recourent les commerces, les hôtels et les restaurants ? À savoir une évaluation publique des établissements scolaires et des enseignants par leurs usagers, élèves et parents. Bien au-delà du palmarès fondé sur les résultats au bac !

Même les lieux de soins s'y sont mis depuis quelque temps, pour rendre compte aussi bien de la qualité des soins qu'ils dispensent et de leurs équipements en matériel et en personnel que de leurs outils de lutte contre les infections nosocomiales… Pourtant, l'hôpital a longtemps considéré que ses équipes agissaient *a priori* au

mieux et qu'il n'était donc pas nécessaire de les faire évaluer par des équipes extérieures – la certification obligatoire et régulière des lieux de soins.
L'école profiterait sans doute de telles mesures, dans la perspective d'une amélioration continue de la qualité de ses prestations.
Comment cela serait-il accepté ? À l'hôpital, les réticences et les résistances initiales ont mis quelques années à disparaître, le temps de comprendre que les bénéfices de cette démarche étaient plus importants que les inconvénients de la préparation de la visite de certification. Et qu'il s'agissait de souligner les points d'amélioration possible plus que de noter pour sanctionner. Une démarche équivalente à celle visant l'appréciation des élèves ?

L'ÉCOLE EST-ELLE ADAPTÉE AUX CHANGEMENTS SOCIÉTAUX ?

S'il est une donnée qui a changé, c'est bien le rapport au temps. Celui des élèves, comme celui de notre société. L'idée de lancer des projets qui ne porteront leurs fruits que dans vingt ans est vite écartée, en raison de la proximité des enjeux électoraux. Et un candidat qui renverrait à cette date lointaine les résultats espérés de son mandat à venir n'aurait guère de chances d'être élu !

Et pourtant, c'est bien dans cette perspective que s'inscrit l'école. Elle a pour mission de former les citoyens de demain, mais sans connaître les données qui seront alors en vigueur ni les compétences précises qui seront attendues dans la vie professionnelle. Ce dont nous pouvons être sûrs, en revanche, c'est qu'il faudra disposer d'un socle de connaissances hérité des savoirs antérieurs, tout autant que de capacités d'adaptation inégalées depuis longtemps (si l'on exclut celles requises dans les temps anciens de l'histoire humaine pour assurer la survie de l'espèce).

Quant au rapport au temps des enfants et des adolescents d'aujourd'hui, il s'est beaucoup modifié depuis deux générations : en témoignent, dans les classes comme dans les consultations pédopsychiatriques, l'augmentation des troubles de l'attention et de la concentration, qui perturbent les cours dont la durée est restée la même, mais aussi le rapport au savoir. Ce dernier est désormais attendu dans l'immédiat, sans passer par les cases intermédiaires qui en constituent le socle et permettent d'en saisir la valeur.

Le savoir circulant de plus en plus de façon horizontale, tout en étant accessible immédiatement, la figure de l'enseignant seul détenteur d'un savoir apparaît obsolète. En revanche, son rôle dans la formation à l'examen critique des données devient majeur. À condition qu'il accepte d'être lui-même remis en cause !

Ainsi, cet enseignant qui fait son cours depuis l'estrade et cite un événement comme ayant eu lieu en 1832. Quelques instants plus tard, une main se lève, interpellant le professeur : « Monsieur, ce n'est pas en 1832 mais en 1833 que cela a eu lieu ! »

L'enseignant, ne supportant pas d'avoir été interrompu, riposte : « Non, c'est en 1832 et cessez de me couper la parole. Vous feriez mieux de vous occuper à travailler davantage. »

L'élève ne s'arrête pas à cette mise en garde et choisit une autre voie d'expression, puisque celle qui lui semblait être la plus pertinente est manifestement fermée. Il envoie l'information et sa source sur le réseau social par lequel ses camarades et lui communiquent. L'ensemble de la classe s'agite progressivement au fur et à mesure que la nouvelle circule.

Le professeur s'interrompt et demande : « Mais qu'est-ce que c'est que ce chahut ! Soyez un peu attentifs ! » Son autorité, ou ce qu'il en restait, est remise en cause. Un crime de lèse-professeur vient-il d'être commis ?

On pourrait imaginer une autre attitude. Par exemple :

« 1833, vous en êtes sûr ?

– Oui, monsieur.

– D'où vous vient cette information ? Pouvez-vous partager votre recherche avec nous tous ? »

Le jeune homme aurait alors expliqué à la classe son cheminement sur Internet jusqu'à la source en question. Si elle s'était révélée exacte et fiable, pourquoi ne pas reconnaître son erreur en remerciant l'élève pour sa vigilance et son attention portée au cours ? Car ce n'est pas parce que l'on est enseignant que l'on est à l'abri d'un oubli ou d'une information erronée. Le professeur aurait pu encourager l'élève à continuer d'être attentif et aurait même pu inviter le groupe classe, comme dans un jeu, à débusquer d'autres erreurs éventuelles à venir…

Cet incident aurait pu aussi être une bonne occasion d'apprendre aux jeunes à rechercher les informations au bon endroit et à faire la différence entre les sites utiles et ceux à éviter en leur demandant comment ils s'y prendraient pour trouver tel ou tel autre fait historique.

La formation au « bon usage » des outils numériques devient progressivement un axe fort de l'enseignement, et c'est tant mieux.

Car, sur Internet, les recherches personnelles d'informations susceptibles de contribuer au travail scolaire finissent par s'aventurer sur des sites multiples entre lesquels il sera bien difficile de choisir, faute de pouvoir identifier ceux qui font autorité. Et l'esprit critique n'est pas la qualité qui caractérise le mieux notre époque, accaparée par le présent et fascinée par l'immédiateté des réponses, quitte à gober bon nombre de *fake news*. C'est sans doute là que se situe l'une des orientations prioritaires dans l'éducation des enfants et des adolescents : l'éducation aux médias ; leur apprendre à mieux détecter les informations qui ne sont pas fiables, en ne prêtant pas aux écrans plus de vertus qu'ils n'en ont. Ce ne sont que des outils, souvenons-nous-en, même s'ils sont précieux. Le classique « vu à la télé », donc vrai, a encore de beaux jours devant lui en s'élargissant aux messages innombrables qui s'affichent désormais sur les écrans des tablettes et smartphones, ainsi que sur les réseaux sociaux. Leur examen critique est donc opportun : « cherchez l'erreur » pourrait devenir une activité à part entière pour stimuler la curiosité et le discernement. À défaut, le risque est grand pour l'enfant de se détourner des temps officiels de transmission des savoirs au profit du temps passé face aux écrans. Et de porter davantage de crédit à ce qu'il y trouve via Internet et les réseaux sociaux qu'à l'enseignement officiel. Ce que disent les « amis » ou tel site dont il a entendu parler par ses camarades lui apparaît *a priori* plus pertinent. Sans parler de l'intérêt de ces sujets du fait qu'ils sont partagés par des pairs.

L'élève, dans sa démarche d'apprentissage (Internet, les « amis »...), peut dès lors se couper de l'école et de ses programmes, avec le sentiment que là ne se trouvent pas les sujets intéressants.

Et pourtant, il ne faudrait pas confondre cet évitement des lieux officiels avec une perte d'intérêt pour le principe d'apprendre. Les supports et les médias évoluent, mais le désir de connaissance reste intact chez la plupart. La période Covid, avec l'enseignement à distance, a d'ailleurs mis en lumière les capacités d'auto-organisation du temps de travail et du temps de loisir des jeunes, ainsi que la responsabilisation induite par ces nouveaux moyens permettant à certains de sortir d'une position passive vis-à-vis de l'enseignement.

Les changements rapides du monde, accélérés par la pandémie, qui a bousculé bon nombre d'habitudes, nécessitent de repenser sans attendre les qualités nécessaires dans l'avenir. Suivre la route qui jusqu'alors menait à la vie d'adulte s'apparenterait pour beaucoup à s'engager dans une impasse. Un autre chemin est à proposer, et l'école doit jouer un rôle déterminant dans cette réorientation. À condition qu'elle-même repense ses objectifs et ses modalités d'enseignement.

Le Covid, par la désorganisation qu'il a induit, peut paradoxalement être un bien en incitant à réviser le logiciel pédagogique et à exploiter les initiatives prises ici ou là pour maintenir les missions de l'école malgré les restrictions de participation physique à la vie scolaire. L'inventaire de ces pratiques nouvelles nées de la crise pourrait être très productif. Dans mon secteur, nous avons assisté à la mise en place de pratiques innovantes pour les enfants et les adolescents hospitalisés et donc coupés de leur famille, ainsi que pour ceux qui ne pouvaient se rendre aux rendez-vous prévus dans les lieux de soins. Les téléconsultations ont pris plus de place, révélant parfois en images et en sons l'univers de vie du jeune et permettant ainsi de mieux percevoir les facteurs environnementaux qui modulent ses troubles.

Tous ces changements qui s'opéraient à bas bruit, sans être toujours bien repérés, sont aujourd'hui à ciel ouvert. Ils nous posent des questions importantes à partager. Ce monde à venir, quelles qualités individuelles et collectives requiert-il? Des capacités d'adaptation, l'ouverture à la nouveauté, l'inédit… à coup sûr.

Et l'enfant, qu'attend-il du monde? Qu'il lui ouvre des portes pour construire sa vie, certes. Mais aussi, sans doute, qu'il accueille avec bienveillance les expériences qu'il mène hors des sentiers battus avant d'en juger la pertinence. Tout en le protégeant des risques trop grands qu'il prendrait sans en être conscient. Et non en raison des angoisses des adultes qui l'accompagnent. Sur le mode des parents permettant à leur petit de faire ses premiers pas : lâcher suffisamment et veiller aux dangers dans le même temps, jusqu'à ce que la marche soit acquise.

Car le tout petit mammifère a besoin d'expérimenter son rapport au monde tout en étant protégé du pire. Et ces expériences ne sont possibles qu'à la condition d'avoir envie d'apprendre et de ne pas être paralysé par la peur du nouveau. Cette condition psychologique de base découle des premiers temps de l'enfance, ce qui rend la tâche de l'école maternelle si précieuse. Comment stimuler sa curiosité pour qu'il découvre ses compétences, mais aussi ses possibilités de les mettre en œuvre utilement afin de satisfaire ses objectifs ? D'où vient l'envie d'apprendre ? Dans mon domaine professionnel, nous savons combien la curiosité sexuelle infantile joue un rôle important comme moteur dans cette aventure. Dans un monde où il ne suffit plus de répliquer ce qui est établi, elle devient un atout précieux en se transformant au fil des ans en une curiosité rendant l'avenir attractif.

A contrario, l'inhibition de cette curiosité peut aller jusqu'à la peur de penser[14], qui entrave grandement les processus d'apprentissage.

14. Telle que la développe Serge Boimare.

LA PLACE DES PARENTS

S'il est un rôle qui a bien changé, c'est celui de parent. Pendant des siècles, la répétition était la règle. Comme son père et sa mère avaient fait, il fallait faire, après les avoir évidemment critiqués. Sans avoir à se poser de questions, la société dans son ensemble soutenant leurs points de vue. Selon sa catégorie sociale, chacun disposait du mode d'emploi qu'il convenait de suivre. À chaque âge de la vie de l'enfant, puis de l'adolescent à partir du moment où cet âge intermédiaire a été individualisé, correspondaient des pratiques parentales convenues.

Le rôle des parents est bien évidemment toujours essentiel, mais tellement différent. Depuis l'invention puis l'usage accessible à toutes de la contraception, la naissance de l'enfant est généralement voulue, et donc ce dernier particulièrement investi. Il est l'objet d'attentes et le support de projections. Selon les familles, il peut être réparateur d'une destinée scolaire insatisfaisante, chargé de mission pour un avenir glorieux, porteur d'une vie rêvée à côté de laquelle le parent est passé… Autant de charges qui pèsent sur les épaules de l'élève[15].

Et comme chaque parent veut le meilleur pour son enfant, il espère des résultats à la hauteur de ses aspirations

15. Patrice Huerre, *L'Adolescence en héritage*, Calmann-Lévy, 1996.

et élève son niveau d'exigence à l'égard des enseignants auxquels il confie sa précieuse progéniture.

Qu'attendent de l'école les familles ? La réplique d'elles-mêmes ? Une formation générale pour leur enfant ? La préparation à un métier ? Une intégration dans la société et dans ses références culturelles ? Comme hier ? Beaucoup cherchent l'équivalent de ce qu'ils ont connu. Car le parent est aussi un ancien élève.

La question des études s'inscrit presque toujours dans des enjeux intergénérationnels. De l'enfant rappel des échecs, déceptions ou succès des parents à l'enfant réparateur d'une mauvaise scolarité parentale, la gamme est large. Et chacun doit s'en débrouiller en connaissance de cause ou en en ignorant tout. Combien de parents règlent leurs comptes avec l'école à travers leurs enfants ? Combien en attendent tout ce qu'ils ne peuvent donner eux-mêmes ? Au risque de la déception et des reproches. Combien considèrent leur enfant comme chargé de mission ? Ou encore, combien ne peuvent admettre la manière différente de travailler de leur enfant ? Comme j'ai fait, tu feras ; comme j'ai subi, tu subiras !

Ou bien c'est l'incompréhension d'un parent devant les mauvais résultats de son enfant, alors que lui ou elle réussissait particulièrement dans cette matière.

Ainsi, Johan, 14 ans, amené en consultation en mars par ses parents, inquiets d'un risque de redoublement,

brandi comme une menace par le conseil de classe. Ils disent avoir tout fait pour cet enfant, sur lequel ils comptaient jusqu'alors. Depuis le début du collège, les résultats chutent régulièrement, alors qu'en primaire tout allait plutôt bien. Ils ont déjà fait tester le garçon, qui ne présente aucune déficience relevée. Alors ils sont passés aux sanctions, car d'après eux, s'il n'obtient pas la moyenne, c'est parce qu'il est trop sur les écrans et paresseux. Il n'en a plus désormais l'usage que pour des raisons scolaires et il s'en plaint amèrement, reprochant à ses parents de l'empêcher d'être en relation avec ses camarades. Ils ont aussi mis en place des séances de rattrapage dans les matières principales. Et l'étape suivante est déjà programmée, qui affectera ses sorties et ses prochaines vacances prévues avec un copain : il passera l'été à rattraper le programme !
Aucune raison explicative de ses difficultés ne ressort durant la rencontre avec ce jeune à peine pubère qui semble avoir un fonctionnement psychologique tout à fait normal pour son âge.
L'entretien familial qui suit ce bilan, en présence du garçon, éclaire finalement la situation. Ses parents, interrogés sur leur propre scolarité, disent ne se souvenir d'aucune difficulté notable. La preuve : ils ont tous deux un métier qui leur convient. Je les questionne sur les ressemblances éventuelles qu'ils verraient entre Johan et des membres de leurs familles respectives. Ils parlent

de telle ou telle caractéristique physique ou de personnalité, mais sans que ça leur paraisse flagrant. Je vois alors le père s'agiter sur son siège et lui demande si tout va bien pour lui. Il me répond que oui, mais que, si ça peut éclairer le tableau, il se souvient soudain qu'il a redoublé au collège, mais bon... qu'il a bien repris le cours de sa scolarité ensuite et que ce n'était, rétrospectivement, pas si grave, contrairement à ce que pensaient ses parents, qui le voyaient déjà perdu pour les études. La tête de Johan, jusqu'alors fléchie, se relève ; sa mère regarde d'un air surpris son mari. « Tu as toujours dit que tu n'avais jamais redoublé ! » s'exclame-t-elle, découvrant une faille dans le discours jusqu'alors tenu sur ses études à lui.

Le travail était achevé. Johan était bien le fils de son père, ce qui répondait à son questionnement identitaire, banal par ailleurs à cet âge ; il était donc possible de redoubler et d'avancer ensuite dans la vie comme son père l'avait fait...

Dans les semaines suivantes, Johan a repris le cours de ses études sans manifester de difficultés, ce qui lui a valu d'être autorisé à passer dans la classe supérieure.

Derrière ses attentes explicites à l'endroit de son enfant, l'ancien enfant qu'est l'adulte d'aujourd'hui réactive le plus souvent à son insu son histoire d'élève.

Les souvenirs qu'il en a gardés comme ceux qu'il a refoulés sont à l'œuvre.
Et, qu'il le veuille ou non, il en transmet la charge émotionnelle. Le discours manifeste du parent cache souvent des messages contradictoires. S'il a éprouvé de l''ennui ou des difficultés dans telle ou telle discipline, il demande à son enfant de travailler cette matière et d'obtenir de bons résultats, le menaçant de sanctions dont il a oublié combien elles l'avaient démotivé à l'époque.
Tous ces mouvements conscients et inconscients ont un espace de déploiement inégalé à notre époque par rapport à la marge très réduite qu'ils pouvaient avoir antérieurement. En effet, les questions de choix de vie et d'autodétermination de destinée ne se posaient pas. À chacun était assignée une trajectoire de vie prédessinée par ses ascendants. Comme il était simple (et contraignant en même temps) de n'avoir pour seule consigne que « Prends ma suite et offre-moi ainsi une sorte de garantie de continuité, au-delà de mon existence ». « Tu ne sais pas qui tu es, eh bien, tu seras comme moi. »
Désormais, le parent ne se veut généralement plus comme le moule d'une réplique, mais comme le facilitateur d'une construction originale, imprévisible *a priori*. Même si certains parents misent toujours sur leur enfant pour assurer leur suite ou pour adopter leur conception de la vie, ne supportant que mal les orientations

différentes, qu'elles soient professionnelles, sexuelles ou relatives au mode de vie.

Nous sommes passés rapidement du projet de modèle à répliquer, venger ou réparer à celui de socle sur lequel l'enfant peut fonder sa construction personnelle originale. Ce qui est un changement majeur mais nécessaire dans un monde aux contours à venir imprévisibles. Mais ceux que les changements déroutent en supportent difficilement les conséquences, dont leurs enfants se saisissent.

La variété considérable de possibles génère chez les parents des inquiétudes qui se traduisent par des raidissements d'attitude, des rejets ou au minimum une incompréhension, avec lesquels les enfants doivent composer sans trop de culpabilité. Car le sentiment de causer à ses parents (et à ses enseignants !) une déception liée à l'emprunt d'un chemin inattendu pèse sur les épaules du jeune, animé par le goût de vivre et non par le désir de déstabiliser son entourage. Surtout quand cela retentit sur le couple parental et génère des conflits conjugaux : « C'est pas étonnant qu'il ne fasse rien de ce qu'on lui dit. Dans ta famille, ils n'ont pas fait d'études... »

C'est dire si les parents jouent un rôle déterminant dans le rapport aux études.

La faible place qui leur est faite à l'école et leur rôle spécifique (et surtout différencié), loin de la coéducation, entraînent fréquemment des difficultés pour les enfants. Quand il n'y a pas de place pour les parents, il est fréquent qu'il n'y ait pas d'investissement par les enfants. Ainsi, ce lycée à Gennevilliers dans lequel je suis intervenu à la demande du proviseur qui y prenait ses nouvelles fonctions à la rentrée. L'absentéisme y régnait, ainsi que l'agressivité et les transgressions. En miroir, les enseignants cherchaient à quitter cet établissement et, chaque année, une nouvelle équipe pédagogique et éducative se formait, minée par les difficultés comportementales les plaçant dans un rôle rééducatif plus que pédagogique, ce qui générait un découragement contagieux. Les familles des environs tentaient, dès qu'elles en étaient informées, de mettre leur enfant dans un autre collège. Ce nouveau chef d'établissement avait été nommé pour tenter de rétablir de meilleures conditions de vie d'abord, puis d'enseignement. Il exigea et obtint de faire venir avec lui quelques enseignants et CPE avec lesquels il avait déjà pu créer une dynamique de travail positive. Avant la rentrée scolaire, il réunit ses équipes pour établir le cadre et les conditions dans lesquels l'année devait se dérouler. Avec quelques bases d'une simplicité déconcertante : le matin, accueillir à la porte de l'établissement chaque élève, ainsi reconnu comme important, sans qu'il ait eu besoin de se manifester bruyamment pour cela ; réapprendre à dire bonjour et au revoir, en reconnaissant l'importance d'être présent et en se souciant des absents, dont les familles étaient désormais immédiatement contactées ; rencontrer régulièrement les parents pour les associer aux initiatives et aux mesures envisagées en insistant sur le rôle déterminant qu'ils pouvaient avoir par ailleurs – cette reconnaissance des parents qui est si précieuse pour les enfants, même s'ils disent le contraire –, et pas seulement pour leur rapporter ce qui n'allait pas, mais aussi pour encourager les initiatives qu'ils pouvaient prendre en complément de l'équipe éducative ; valoriser leur histoire et leur culture comme apports complémentaires dans le cadre du programme. Ces objectifs à court terme donnant lieu à des évaluations régulières bien au-delà des notes, avec un soutien actif des progrès et une valorisation des manières d'être avec les autres… ainsi que des compétences autres que scolaires.

En moins d'une année, la situation de cet établissement était totalement transformée, avec un afflux de demandes d'inscription d'élèves et de candidatures de personnels au-delà des possibilités d'accueil et de stabilisation des équipes permettant une transmission d'expérience fructueuse aux nouveaux venus.

LE CONTEXTE D'UNE ÉVALUATION

Les élèves n'ont que rarement la capacité de faire une auto-évaluation qui évite la complaisance ou l'invalidation. Ils n'ont pas toujours la confiance nécessaire pour voir leurs forces et leurs faiblesses. Parfois, convaincus de devoir rentrer dans un moule (sous la pression de l'école, des parents…), ils n'avancent pas, se trompent, se perdent sans plus savoir comment s'en sortir. Les entretiens avec les professionnels qui les connaissent peuvent permettre d'avancer. Entre professionnels, professeurs principaux et élèves, ces temps d'échange existent, mais ils n'ont souvent pas assez de clarté ni de régularité pour être constructifs ; pire, il arrive qu'ils enveniment les relations entre les protagonistes.

Or, depuis la fin des années 1960, il est interdit d'interdire… La recherche d'un consensus, louable par ailleurs, est la règle. Le conflit est devenu synonyme d'échec. Les différences de points de vue sont à éviter à tout prix. Mais que de confusion ! Indépendance et autonomie sont de nobles causes, ce qui n'enlève rien au fait d'avoir besoin d'autrui, un autre différent de soi. Et c'est ce qui en fait le prix !

Chacun désormais est renvoyé à ce qui est nommé « choix », un choix ouvert à tous les possibles, même si pour beaucoup il s'agit d'une illusion. L'identité est à découvrir, ce qui représente par ailleurs un progrès considérable pour la plupart par rapport aux temps passés récents, lorsqu'elle était assignée par l'entourage. Mais elle laisse sur la touche ceux pour qui la question ne peut se poser, étant préprogrammés par leur histoire familiale ou sociale, sans marge de manœuvre.

Pourtant, l'auto-engendrement semble bien soutenu comme hypothèse. Même si l'on sait le sort que Zeus réserva à ces boules androgynes qui prétendaient prendre sa place sur l'Olympe. Alors qu'elles entreprenaient l'ascension du mont, il les coupa en deux moitiés pour les ramener à plus de modestie en mettant fin à leur entreprise. Depuis lors, chacune est en quête permanente de l'autre, rappelant ainsi la dépendance dans laquelle elle est.

L'oubli de cette leçon de modestie est flagrant. L'idée même de points de vue différents entre enfant et parent serait à bannir, et ce, dès le plus jeune âge. Les désirs du bébé sont guettés en temps réel, pour éviter qu'il soit frustré et se fâche. Les années passant, la satisfaction de l'enfant demeurerait la mission à accomplir pour garantir aux parents qu'ils sont de bons parents.

De la psychologie du positif et de la bienveillance à la méditation et au yoga, l'objectif premier des magazines est de permettre à chacun d'être, dès le plus jeune âge, au plus près de lui-même, de sa « vérité », avec le moins de contraintes possible, pour ne pas gâcher un épanouissement personnel qui représente l'idéal éducatif. Et comme il convient de ne pas perdre de temps afin de garantir les conditions d'un succès à venir dans la vie scolaire, puis professionnelle, les stimulations proposées se multiplient depuis le plus jeune âge. Être en avance ou précoce représente un avantage narcissique indéniable pour les parents d'aujourd'hui. Et, dans ce but, les technologies disponibles sont rendues accessibles dès la première enfance.

Alors tant pis si les écrans et leur fameuse lumière bleue sont bien connus pour perturber l'endormissement et donc la concentration pendant la journée, ils se multiplient au domicile familial. À chacun le sien. Ou plutôt, à chacun les siens. Car bon nombre d'entre nous ont accès à différents supports : smartphone, tablette numérique, ordinateur, TV… Et l'on a bien vu comment, en période de télé-enseignement, les inégalités se creusaient selon l'équipement familial et sa connexion ou non au wi-fi. Ce qui n'empêche pas de les décrier en même temps qu'on les utilise. À l'enfant de tenter de comprendre ces messages paradoxaux.

LES PARENTS ET L'ÉCOLE

La relation entre les parents et l'école est marquée par des contradictions : les parents en attendent beaucoup, bien au-delà des contenus prévus au programme. Ils espèrent souvent qu'elle jouera un rôle éducatif, alors même qu'ils le lui contestent et qu'elle ne le revendique pas forcément. Sans compter que cela ne fait pas partie de ses missions initiales.

Pour beaucoup de parents, il est difficile de se situer par rapport à l'institution scolaire : certains la perçoivent comme un service parmi d'autres, soumis à leurs attentes et sommé d'y répondre ; pour d'autres qui ne l'ont connue que brièvement ou sur un mode négatif, voire pas fréquentée du tout après le collège ou le lycée, elle peut être intimidante car représentant un univers mystérieux et inaccessible dont les codes leur sont inconnus.

Mais ce n'est pas parce qu'on ne connaît pas ou que peu les contenus scolaires que l'on n'a rien à transmettre à ses enfants. À condition de ne pas avoir été amené à penser que ce que l'on connaissait n'avait pas de valeur. S'ajoute à ces éléments la place donnée à l'enfant à la maison, qui entre fréquemment en conflit avec les modes relationnels de l'école. À domicile, il suffit à l'enfant de dire « non » ou « je veux ça » pour qu'une réponse allant dans son sens soit formulée. Dès lors, quels sont ces empêcheurs de réaliser ses désirs qui règnent sur l'école ? Il va falloir s'en plaindre aux parents, qui à coup sûr voleront au secours de la petite « victime » de remises au pas inadaptées *a priori*. L'actualité nous donne régulièrement à connaître les conséquences parfois dramatiques de telles manières d'intervenir.

Car l'idéal éducatif est l'évitement des conflits, chaque fois que cela est possible. Ne pas parvenir à s'entendre, sur tous les sujets, est une idée inacceptable. Entre gens raisonnables… Et puis ce serait considéré comme un échec de l'adulte, que d'imposer son point de vue à l'enfant. Une violence qui serait exercée à son encontre. Les mots « C'est comme ça ! » seraient à bannir du dictionnaire des parents. Malheur à l'enseignant qui les profère !

D'où le boom des écoles alternatives du type Montessori : l'attention portée à l'enfant, qui devient le maître à suivre, prend le relais de celle que ses parents lui prodiguent. Une école qui fonctionne comme eux à la maison, quel bonheur ! Continuité assurée.

Et l'enfant y est tellement heureux… Son bonheur avant tout. Il sera bien assez tôt confronté au monde extérieur frustrant ! Ce qui compte, c'est sa liberté et le plaisir de partager avec les adultes des activités créatives et ludiques. On sait par ailleurs combien ce contexte permet l'acquisition de compétences et de connaissances fondamentales.

Qu'il est décidément difficile de trouver l'équilibre entre plaisir et devoir !

L'idéal éducatif sans conflits avec un épanouissement de l'enfant dans un univers pensé en ce sens bute parfois à la maison sur des propos difficiles à décrypter dans le cadre des exigences scolaires. « Travaille, c'est important pour ton avenir ! » disent les parents à leur enfant qui, au lieu de se pencher sur les leçons qu'il doit apprendre pour le lendemain, joue à un jeu vidéo fraîchement emprunté à un camarade. Et quelques minutes plus tard : « Quelle journée encore ! J'en ai ras le bol de ce travail. Vivement le week-end ! » Avant de conclure : « J'en peux plus d'être sans cesse obligé(e) d'intervenir pour qu'il (elle) travaille. » Comprenne qui pourra. L'enfant, lui, entend que les loisirs sont plus attractifs que le travail, point de vue auquel il adhère volontiers, s'inquiétant encore très peu – et c'est tant mieux – de ce qui adviendra dans dix ou vingt ans.

TRANSMETTRE, OUI, MAIS QUOI ET COMMENT ?

Le monde changeant à une telle vitesse, il semble à beaucoup que transmettre les expériences passées n'aurait plus de vertus. À quoi pourrait bien servir le témoignage d'« anciens », au-delà de l'intérêt ou de l'amusement qu'il pourrait susciter chez les plus curieux ? Il importerait davantage de se soucier du présent et de l'avenir proche, auxquels les éclairages historiques ne pourraient pas apporter grande lumière, tant les sujets qui nous occupent sont différents.

Et pourtant, en tant que clinicien, je sais que l'humain est constitué, tel un terrain dont on effectuerait la coupe, de couches successives, même si en surface n'apparaît que l'actuelle, visible. Le paysage que l'on observe est le résultat des évolutions qu'il a subies et des couches souterraines qui le supportent[16].

L'image géologique permet de se représenter ce qui se joue aussi dans les familles. Même oubliées, les traces des générations passées sont inscrites dans le bagage que chacun porte aujourd'hui. Dans quelle mesure sont-elles accessibles ou transmises à ceux qui en héritent ? Combien d'histoires douloureuses

16. Patrice Huerre, *L'Adolescence en héritage*, *op. cit.*

ou traumatiques sont mises de côté, enfermées dans les mémoires ? Leur potentialité de troubles est à la mesure du refoulement dont elles font l'objet. Qu'il s'agisse de migrations sous la contrainte, de drames ayant touché des ascendants…

Alors même qu'en surface se manifestent des difficultés dont les causes non discernables résistent aux actions réparatrices entreprises. Que ce soit dans le domaine scolaire, relationnel ou individuel.

L'épigénétique nous renseigne à présent sur ces traces inscrites de génération en génération dans nos mémoires, mais aussi sur les possibilités de transformation, par voie de sublimation ou d'apaisement autant que par les circonstances de la vie, que permettent les mises au jour des faits comme des émotions qui en ont résulté.

Il ne s'agit évidemment pas de plaider pour une transparence ou une transmission *ad integrum*, par ailleurs illusoire, qui permettrait des héritages sans heurts. Nous connaissons bien la différence entre la mémoire et son travail de transformation et de sélection, d'une part, et l'histoire fondée sur des données vérifiées, d'autre part. Il en va des histoires de famille comme de celles de nos institutions, entre autres l'institution scolaire. Le « C'était mieux avant » en est un avatar fréquent. Et l'histoire officielle qui est transmise laisse volontiers de côté les épisodes de vie plus sombres ou moins glorieux des ascendants.

Il est frappant de constater combien peu d'enfants ont une connaissance suffisante de leurs aïeux. Les consultations parents-enfant offrent une occasion souvent inédite d'échanges sur l'histoire de la famille, histoire enfouie et refoulée ou simplement inexprimée du fait de la charge émotionnelle qu'elle véhicule.

Quelques faits ressortent généralement, alimentant la légende d'un grand-parent ou d'un ancêtre. Mais au-delà, les espoirs ou les déceptions, la construction d'une vie, la façon de vivre tel ou tel événement sont rarement transmis. Les supports que représentaient les albums de photos pour évoquer des moments de vie passés ont laissé la place à des milliers d'images éphémères sur les ordinateurs et les réseaux sociaux, ne visant qu'un impact immédiat.

Les temps partagés entre parents et enfants sont rares à présent, et souvent consacrés aux rappels à l'ordre ou au travail à faire, plus qu'à la facilitation de l'accès à l'autre. La connaissance que l'on a de son enfant se fonde dès lors sur les apparences comportementales et les appréciations du travail scolaire. Sa part sensible et ses intérêts personnels restent donc souvent dans l'ombre, contribuant à une méconnaissance mutuelle parents-enfants et aux malentendus qui en résultent.

Quant aux parents, ils sont le plus souvent perçus à travers leurs apparences, eux aussi : leurs heures de présence et d'absence, s'ils regardent la TV ou tout autre écran, leurs distractions favorites, leur comportement face aux autres, la façon dont ils se présentent officiellement à leurs amis…, mais guère pour ce qu'ils sont vraiment.

C'est pourquoi la rareté des temps partagés sans objectif précis me conduit, quand cela semble justifié, à prescrire des temps de rencontre « pour faire connaissance ». Cette prescription peut surprendre, mais quand on connaît ses vertus et les déblocages qu'elle peut occasionner, elle s'avère précieuse, ne serait-ce que pour aider chacun à prendre conscience qu'un chemin reste à parcourir afin de mieux savoir qui est son enfant et qui est son parent, au-delà des apparences familières.

Qui n'a pas entendu de témoignage de proches regrettant de ne pas avoir questionné davantage leur parent décédé sur tel ou tel point de sa vie ?

De même, l'établissement d'un arbre généalogique est un prétexte précieux pour que l'enfant interroge ses parents sur l'histoire familiale.

Notre rôle de passeurs et de transmetteurs est essentiel, non pour rechercher une reproduction à l'identique du monde d'avant, mais pour ouvrir aux possibilités de transformation de ce dont chacun hérite et à une liberté de création bien éloignée de la contrainte de la répétition. Il en va de même pour ces autres transmetteurs que sont les enseignants.

Mais ceux-ci sont recrutés sur leurs compétences académiques plus que sur leur capacité à transmettre, à donner l'envie d'apprendre, à animer un groupe… Et les critères de sélection ont bien évolué face à la crise du recrutement ! Quoi qu'il en soit, l'enseignant est lui-même l'héritier d'une histoire scolaire et d'un rapport singulier aux apprentissages. A-t-il suffisamment ces éléments en tête, de manière à pouvoir s'en détacher avec plus de liberté ? À défaut, le risque de répétition guette ! Transmettre, mais quoi ? Pour quelle finalité ? Le programme ? Même si des contenus validés font nécessairement partie du bagage que les élèves doivent se constituer pour leur aventure adulte, grâce aux apports des pédagogues, cela ne suffit plus aujourd'hui. Un bagage dont on n'a pas appris le maniement et les usages risque d'être une charge plus qu'un avantage. Comment pourront-ils adapter leurs stratégies pour avancer dans la vie quand il s'agira d'inventer des solutions originales face à des enjeux nouveaux ? Capacité d'adaptation qui est indispensable dans l'armée – par exemple, quand un commando envoyé en mission doit faire face à une situation dangereuse inédite sans attendre la consigne du chef, sous peine de mettre la vie des soldats en danger.

Or, à l'école, les plus jeunes enseignants, imprégnés du modèle subi pour préparer les concours, peu ouverts au partage, sont avant tout intéressés par la maîtrise des contenus. Ils veulent bien faire, mais dans la réplique de ce qu'ils ont connu, comme d'éternels bons élèves…

Pour faire évoluer ce cycle répétitif, il s'agirait d'appliquer la même méthode aux futurs enseignants : un temps de remise à jour de ce qu'ils ont vécu, élèves, pour en garder le meilleur et s'octroyer le droit et la possibilité d'enseigner autrement.

Quant aux plus rétifs aux changements, ils s'arc-boutent sur leurs habitudes, sûrs qu'il n'y a pas de mauvais enseignants, mais seulement de mauvais élèves.

Restent les 30-50 ans, qui ont connu un empilement de réformes et ont du mal à distinguer la marge de jeu et la liberté dont ils disposent, le mot d'ordre demeurant le sacro-saint programme. À quand l'ambition d'associer réussite pédagogique avec soif d'apprendre ?

Nous nous souvenons tous de quelques enseignants qui, sans avoir besoin de hausser le ton, savaient nous embarquer vers leurs intérêts et passions. Tandis que d'autres ennuyaient, faisaient peur… et dégoûtaient parfois de la matière qu'ils enseignaient. L'inappétence ou le refus de recevoir peut alors en être la résultante, comme le bébé refuse un biberon qui s'impose ou dont on ne lui a pas fait goûter préalablement le contenu nouveau.

Ainsi, un enseignant d'histoire-géographie de mon lycée parisien arrivait dans la salle de classe immuablement vêtu d'une gabardine beige, été comme hiver, puis posait son cartable en cuir râpé qui devait dater du temps où il était élève. Il faisait ensuite le cours sur un ton monocorde, dégageant un sentiment d'ennui profond. Lorsque la sonnerie retentissait, il enfilait sa gabardine, mettait ses documents dans son sac et quittait la salle sans aucune attention pour ses élèves. Il n'y aurait eu vraisemblablement aucun reproche à lui faire sur le contenu de son enseignement. Je l'apercevais parfois, par la fenêtre de la salle de classe, s'éloignant du lycée d'un pas régulier pour regagner son domicile.

Ce n'est que de nombreuses années plus tard que sa photo sur un magazine littéraire attira mon attention. Quelle surprise ! M. Poirier était aussi Julien Gracq ! Dont j'appréciais particulièrement la littérature.

Il aurait pu si bien nous embarquer vers « le rivage des Syrtes » ou au « château d'Argol »... ou nous guider pour un voyage dans les régions « au programme » de géographie.

De ces rencontres naissent parfois des choix qui influencent nos intérêts ultérieurs.

LA DIFFICULTÉ D'AJUSTEMENT ENTRE L'INDIVIDUALISATION ET L'ENSEIGNEMENT AU GROUPE

Lorsque nous intervenons dans un service d'hospitalisation en pédopsychiatrie, nous devons viser les meilleurs soins pour chacun de nos jeunes patients en individualisant ce projet de soins. Mais les possibilités de soins pour chacun sont amplifiées par l'attention portée au groupe qu'ils constituent et à la dynamique qui s'y déploie.

La priorité qui est donnée à l'individu ou au groupe distingue deux approches qui, à défaut d'être considérées comme aussi importantes l'une que l'autre, caractérisent des courants de pensée souvent opposés dans l'histoire des idées et des pratiques.

Dans le champ pédagogique, comme dans le domaine des soins, à défaut de permettre aux deux approches de se déployer de façon complémentaire, l'affrontement est la règle.

Du précepteur des enfants favorisés d'antan à l'école républicaine égalitaire du début du XXe siècle, la seconde approche a détrôné la première sous nos cieux, au motif que la priorité devait être accordée à l'ensemble d'une classe d'âge, quelles que soient la condition sociale et les compétences de chacun. Et tant pis pour ceux qui ne suivent pas. Comme le disait un enseignant : « Il y en a six qui suivent, ce n'est déjà pas mal. Tant pis pour les autres… » Une réorientation en découle parfois, qui les conduira à une désorientation…

Et le débat de continuer entre les tenants de l'individualisation et ses opposants ! C'est pourtant une vieille histoire.

Ainsi, à propos de Rudolf Steiner, qui a créé sa première « libre école » en 1919 : un fossé sépare notre modèle républicain, fondé sur le collectif, et celui de Steiner, axé sur l'individu. « La pédagogie Steiner-Waldorf s'adapte au fonctionnement de chacun et propose un traitement différencié en fonction des talents, des capacités physiques et affectives des enfants », selon Loïc Chalmel[17]. D'où le succès, dans la même veine, des écoles Montessori. Maria Montessori a été l'une des premières femmes médecins italiennes. À la charnière des XIXe et XXe siècles, elle soutient une approche pédagogique prônant l'autonomie, le respect du rythme de chacun et l'auto-discipline : « N'élevons pas nos enfants pour le monde d'aujourd'hui. Ce monde n'existera plus lorsqu'ils seront grands. Et rien

17. Professeur en sciences de l'éducation à l'université de Haute-Alsace, *in* « La pédagogie Steiner, un cas d'école pour ses partisans comme pour ses détracteurs », *Le Monde*, 15 juillet 2021.

ne nous permet de savoir quel monde sera le leur : alors apprenons-leur à s'adapter[18]. »

Puis ce sera Célestin Freinet entre les deux guerres.

Ces idées percutent de plein fouet le système éducatif français, égalitariste et normatif, qui s'attache à enseigner la même chose, au même moment, à tous les enfants d'une classe d'âge.

Même si ces approches alternatives diffèrent les unes des autres par leur philosophie, toutes rappellent l'importance de l'ajustement individualisé par rapport à celle qui vise le groupe d'abord – au risque d'en laisser quelques-uns sur la touche. Comment prendre le meilleur de ces approches en laissant de côté le reste ? Car le groupe est aussi un moteur.

Et il le sera de plus en plus à l'heure des réseaux sociaux et du partage instantané des informations. Mesurer et apprécier les avantages de ces derniers comme en identifier mieux les limites et les dangers devrait faire partie des enseignements prodigués depuis le plus jeune âge. À partir de situations concrètes rencontrées dans la vie quotidienne.

Vaut-il mieux apprendre à l'enfant à découvrir progressivement ce qui sert ses intérêts, pour éviter ce qui les dessert, ou lui établir une liste ? Les deux sont nécessaires.

---

18. Maria Montessori, *Dieu et l'Enfant*, Parole et Silence, 2015.

Telle est la question : peut-on guider, élever l'enfant sans le soumettre ? C'est une ligne de crête sur laquelle enseignants et élèves, ainsi que parents et enfants, se déplacent… et qui génère bien des malentendus. Prenons un exemple en guise d'illustration.

Un petit enfant de 2 ans, en pleine santé, donc curieux de découvrir le monde, explore l'appartement familial avec une marche encore hésitante. Il se rapproche de l'entrée de la cuisine, suivi par son parent, qui veille sur ses premiers pas. Ce dernier aperçoit au fond de la pièce une boîte de produits ménagers qu'il a oublié de ranger plus haut dans un placard. Les couleurs vives de la boîte attirent l'œil de l'enfant, qui se dirige alors vers l'objet à découvrir.

Que va faire le parent ? Laisser ce bébé explorer librement l'objet de sa curiosité, au risque d'une grave intoxication, étant donné la composition des produits ? Non, bien entendu, répondraient les adultes à qui cette question serait posée. Alors ? L'envoyer sans un mot dans sa chambre pour qu'il comprenne le danger qu'il a couru ? Non plus, à coup sûr, car aujourd'hui il est convenu de parler même aux tout-petits ; de leur expliquer les raisons de nos agissements en éveillant le plus tôt possible leur capacité de jugement pour les rendre autonomes et « responsables »…

Si l'on estime que l'intérêt de l'enfant est en jeu, après avoir tenté verbalement de le dissuader de se rapprocher de ce bel objet dont on convient qu'il est attractif et dont on regrette par ailleurs qu'il n'ait pas été rangé auparavant, et si néanmoins il cherche à s'en saisir, on l'en éloignera en le prenant dans nos bras et en lui disant quelques mots d'explication, quitte à affronter son dépit et ses pleurs de frustration. Mais pourquoi agir ainsi? Dans son intérêt, bien entendu. Parce qu'on tient à lui et que donc, étant donné son âge, il importe d'intervenir. La question des limites se pose dans ces termes: que laisser comme marge d'expérimentation qui ne mette pas en danger ou ne cause pas de préjudice? Car la prise de risques et l'exploration des limites font partie des conditions d'apprentissage. Nous l'avons sans doute oublié à l'heure du principe de précaution. À moins d'avoir comme projet l'accompagnement permanent et à vie pour éviter tout problème… et pour se rassurer. Mais un autre problème surviendrait alors: l'absence d'autonomie et de capacité d'initiatives, fort dommageable dans un monde en mutation.

La peur est souvent au rendez-vous. Peur de mal faire, de ne pas suivre ce que préconisent les magazines ou les guides éducatifs; peur de trop en faire et d'étouffer toute velléité d'initiative; peur des reproches de l'enfant, qui estimerait et dirait que ses parents ou ses enseignants ne comprennent rien à ses besoins ni à l'époque et ses usages… Le frein de l'angoisse de ne pas être de bons parents – ou de bons enseignants –, sans que la définition de cette formulation soit bien claire, rétrécit encore la marge de liberté laissée au jeune, bien au-delà de ce qui est nécessaire à sa protection. Winnicott nous invite à la modestie en nous conseillant de limiter nos ambitions à être de « suffisamment bons parents ». Il n'y aurait plus qu'à reformuler cette invite pour les enseignants.

Et quand l'enseignant a peur de ce qui sort du programme ! Lorsque j'ai dirigé la clinique Dupré pour lycéens et étudiants à Sceaux, une restructuration importante s'imposait. Outre les reconstructions et autres aménagements fonctionnels, l'opportunité s'est présentée de construire une superbe médiathèque grâce au soutien de la Fondation Hachette. Inaugurée par son président, Jean-Luc Lagardère, et par Mme Bernadette Chirac, elle fut dotée de nombreux ouvrages, qui s'ajoutèrent au fonds de la bibliothèque de la clinique. Nos jeunes patients pouvaient dès lors profiter d'un large choix de références et de lectures. Fier de cette création, je fus rapidement surpris de constater l'évitement de ce lieu par bon nombre des enseignants qui officiaient dans l'établissement pour dispenser un enseignement adapté aux jeunes patients. L'un des membres de l'équipe pédagogique avec lequel j'avais noué des relations amicales, et par ailleurs grand poète français, Pierre Lartigue, me fit la confidence suivante : certains de ses collègues craignaient de ne pas savoir répondre à des questions posées par leurs élèves en rapport avec ces livres dont ils n'avaient pas toujours connaissance. Ils préféraient se cantonner aux textes inscrits au programme pour ne pas risquer d'être pris en défaut ! La belle affaire ! Quelle opportunité cela aurait pourtant représentée que d'inviter l'élève à dire ce qu'il en avait retenu et aimé. L'enseignant devrait-il tout savoir ? Ou plutôt savoir comment chercher ce que l'on ignore : ce qui est nouveau, certes, mais tout aussi passionnant ? Et pourquoi certains dans le groupe d'élèves ne pourraient-ils faire cours aux autres élèves sur un sujet qui les intéresse, sous l'attention de l'enseignant, chacun pouvant apporter sa contribution critique ?

De façon similaire, dans mon domaine des soins, il est de plus en plus fréquent que des parents arrivent en consultation avec un grand nombre d'informations résultant de recherches sur Internet. Ils ont établi le diagnostic et le traitement. Ne reste que la prescription ! Peu l'annoncent d'emblée, mais les conseils ou les prescriptions qui leur seront fournis seront évalués silencieusement à l'aune de ces connaissances préalables et serviront à apprécier le degré de compétence attribué au praticien.

Ce qui m'amène régulièrement à questionner au préalable ces familles sur ce qu'elles connaissent déjà de la situation de leur enfant et les réponses qu'il convient de considérer comme valables d'après leurs recherches.

Puis nous examinons ensemble quel cheminement ont suivi leurs recherches, et ce, afin de valider ce qui semble pertinent et d'écarter ce qui l'est moins ou ne l'est pas du tout.

Tout connaître est aujourd'hui impossible. Les encyclopédistes formaient déjà une équipe. Wikipédia et les autres sites regroupent à présent une communauté mondiale. C'est pourquoi savoir comment chercher devient de plus en plus précieux, de même que pouvoir établir la pertinence des informations.

UNE NÉCESSITÉ : FAIRE NAÎTRE ET ENCOURAGER LE DÉSIR D'APPRENDRE

Donner l'envie de penser, de réfléchir seul ou à plusieurs, est désormais un projet incontournable en soi. Ce qui ne devrait en rien diminuer l'autorité du sachant, qui infléchit ou renforce la démarche adoptée par les élèves plus qu'il ne dispense un savoir réputé acquis à des enfants en position passive. Il importe aujourd'hui, plus qu'hier encore, de permettre d'être actif en utilisant le groupe comme bouillon de culture ou comme terreau favorable. D'insuffler l'envie de participer plus que la peur de ne pas savoir. Ce sont les essais et les erreurs qui aident à la construction de connaissances plus solides. Aussi bien dans les avancées technologiques – train, spatial, recherche de traitements, etc. – qu'en psychologie, en histoire…

Ma pratique peut en témoigner : la peur, le stress reviennent souvent dans les éprouvés des enfants, depuis la maternelle. Induisant un cortège de maux tels que des troubles du sommeil, des douleurs abdominales, des troubles de l'appétit, des refus scolaires ou des inhibitions dans les apprentissages.

Alors même que mettre en position active et non passive paraît être un objectif banal et évident, les injonctions contraires sont omniprésentes dans la vie quotidienne de l'enfant. Elles l'amènent peu à peu à penser que les initiatives sont à bannir et qu'il n'y a qu'à suivre les directives pour avancer.
Quid du plaisir qu'éprouve le petit en découvrant ce qui paraît évident aux adultes ? Cette prime de plaisir sera le moteur donnant l'envie de continuer d'interroger le monde et les données établies. Que fait-on de la qualité de « chercheur » du tout-petit ? Que devient-elle quand elle est régulièrement invitée au refoulement ? Un vélo permet d'aller d'un point à un autre, il est en cela une belle invention facilitant les déplacements. Mais regardez comment certains jeunes l'utilisent : pour exécuter des figures acrobatiques, tester leur équilibre, obtenir des gratifications ou, ce qui est la même chose à l'envers, des reproches… Véritable opération de subversion, au sens fort du terme, en créant du nouveau avec de l'habituel, pour ceux chez qui la puberté réveille le goût de la découverte. Ainsi avance le monde, en explorant au-delà de l'utilitaire les propriétés déjà connues.

Ce n'est qu'à partir du collège que les attentes officielles font une maigre place à l'expérimentation ! De « bonnes pratiques » sont instituées en CM2 (pourquoi seulement en fin de scolarité primaire ?) et, chaque année, une présentation doit être faite aux parents pour leur indiquer ce que les enfants vont apprendre au collège, parler des « parcours avenir », des « parcours citoyens », préciser qu'ils apprendront à travailler en équipe, que le développement de l'empathie sera visé…

Et encore. L'« écoute active », telle qu'elle est nommée comme projet pour les lycéens, est une terminologie cache-misère plus qu'une incitation réelle dans les pratiques. Si loin des réalités de fait. Si décalée par rapport aux démarches attendues en dehors du périmètre scolaire. C'est pourquoi il faudra chercher ailleurs les conditions permettant d'être « chercheur », comme l'est naturellement le tout-petit par ses observations de son environnement et des autres, de conforter ou de modifier sa compréhension des façons de faire afin d'en déterminer par l'expérience des modalités singulières. Mais pourquoi attendre si tard ?

Pourquoi éteindre la curiosité naturelle du petit enfant en lui signifiant que seuls les adultes savent ? Certes, leur expérience de vie leur donne un avantage quantitatif. Mais cette donnée ancestrale est mise à mal par l'omniprésence des TIC, dont l'usage aisé par les plus jeunes est souvent sollicité par les anciens pour accomplir certaines démarches nécessitant d'en passer par ces technologies !

Par ailleurs, l'usage aisé des outils numériques par les enfants et les adolescents ne se vérifie pas dans tous les domaines. En ce qui concerne les réseaux sociaux et les jeux vidéo, leur dextérité est généralement incomparable. Mais ce n'est pas le cas lorsqu'il s'agit d'effectuer des tâches telles que le traitement de texte, les tableaux sur Excel… Or ces outils sont d'autant plus facilement utilisés et perçus comme utiles qu'ils font partie d'une pédagogie active et coopérative avec les élèves.

C'est ainsi que des créations comme Édugéo en géographie ou les fab labs, pour acquérir ou renforcer la culture numérique et la compréhension de la science informatique, doivent être développées dans le cadre de l'apprentissage des algorithmes, du codage, de la programmation d'un robot.

Au-delà de ces missions nouvelles à mettre en place telle une routine, il est indispensable d'identifier les manières singulières d'apprendre que chacun a. Apprendre à apprendre, tel serait l'objectif à inscrire au programme sans attendre : une heure durant le cursus scolaire et, si possible, avant la fin de l'école primaire, serait-ce trop demander ? À condition d'avoir formé les enseignants préalablement, bien entendu.

En effet, si l'on considère les modes de mémorisation préférentiels, par exemple, certains enfants privilégient la mémoire auditive, quand chez d'autres la mémoire visuelle domine. Les premiers devront être particulièrement attentifs en classe et, à cette condition, n'auront guère besoin de revoir leurs cours à la maison, tandis que les seconds s'attacheront à prendre des notes suffisamment claires pour pouvoir être relues ultérieurement, avec des couleurs et des paragraphes qui favorisent la photographie mentale d'images. Mais chacun pense qu'il fonctionne comme ses camarades du même âge. Et si untel réussit bien, c'est que sa manière de s'y prendre est la bonne ! Alors faisons comme lui.

Il en va de même pour d'autres sujets qui touchent également à des conditions essentielles pour apprendre. Prenons-en deux, fréquemment mal considérés : le besoin de sommeil, d'une part, et les temps de concentration « rentables », d'autre part.

Pour ce qui est du sommeil, notre époque excitante lui réserve une place de plus en plus réduite au fil des ans. « Les Français dorment de moins en moins. En moyenne, leurs nuits ont raccourci d'une heure à une heure trente en cinquante ans. Pour la première fois, leur temps de sommeil est passé en dessous de 7 heures par nuit, y compris les jours de repos, selon le baromètre de Santé publique France (SPF) […]. Il était en moyenne de 6 h 42 min en semaine en 2017, contre 7 h 09 min dans la précédente enquête de 2010 et aux alentours de 7 heures dans d'autres sondages de l'Institut national du sommeil et de la vigilance (INSV)[19]. »

---

19. « Le temps de sommeil moyen des Français passe en dessous de 7 heures par nuit », *Le Monde*, 12 mars 2019.

Nombre d'enfants, sans parler des adolescents, manquent de sommeil, connaissant durant la journée des passages à vide, voire des temps de somnolence et, au minimum, d'inattention. L'endormissement est empêché par l'usage des écrans – générant une lumière bleue – pour jouer à des jeux vidéo en réseau (les autres joueurs pouvant être sur d'autres fuseaux horaires !) ou échanger *via* les réseaux sociaux, quand le smartphone ou tout autre écran ne reste pas ouvert toute la nuit, au cas où…

Dans ces conditions, inutile de parler de la disponibilité d'attention diurne. Il faut alors déployer beaucoup d'énergie pour suivre le rythme scolaire, jusqu'à ce que l'épuisement conduise au renoncement et au repli sur les écrans, qui procurent tellement plus de satisfactions immédiates. Or le sommeil et sa qualité sont les grands oubliés en termes de santé publique. Quand on sait leur importance déterminante sur les capacités d'attention et de concentration, déjà mises à mal par les usages des TIC, il est bien dommage que ce ne soit pas mis au rang des priorités.

Dans un autre registre, même s'il en découle partiellement, évoquons le temps de concentration pour les études, sachant qu'il n'a rien à voir avec celui qui est consacré aux activités numériques. Tel jeune capable de demeurer six à dix heures d'affilée devant ses écrans ne peut parfois pas rester plus d'un quart d'heure devant un devoir…

Ce temps de concentration utile diminue depuis quelques décennies, faisant de l'« heure de cours » un défi difficile à relever pour bon nombre d'élèves. Sans parler des ressources mobilisables à la maison, alors que les différents appareils à disposition (smartphone, iPad, ordinateur) sont autant de sollicitations. Il est d'autant plus important, dans ce contexte saturé, d'évaluer pour chacun le temps durant lequel il peut utilement être concentré, quelle qu'en soit la durée, afin de ne pas prolonger inutilement le temps passé sur un livre ou un devoir. Plutôt que de rester deux heures devant son bureau sans rendement au bout de trente minutes, ne vaut-il pas mieux dans ce cas travailler avec profit trente minutes, faire une pause de dix minutes et recommencer ainsi à trois reprises ? Une heure et demie aura pu ainsi être « rentable », au prix d'une demi-heure de pauses.

Un autre sujet d'incompréhension, et parfois de conflit, est celui des horaires de travail. La commande parentale ou la recommandation enseignante de se mettre au travail entre telle et telle heure chaque jour se heurtent là encore aux particularités de chacun. Le conformisme groupal des camarades et de ce qu'ils racontent de leurs horaires fait le reste.

Et pourtant, certains travaillent avec facilité tôt le matin et d'autres après le dîner, quand d'autres encore se concentrent mieux au retour du collège ou du lycée. Mais là encore, les leçons personnelles tirées de l'expérience ancienne des parents ou des enseignants sont parfois mises en avant comme des références sur lesquelles s'appuyer sans tenir compte des différences de fonctionnement. C'est ainsi que je n'ai découvert que tardivement et par hasard que je n'avais quasiment aucun rendement quand je travaillais le soir, au risque de me décourager face à des camarades vantant l'efficacité de ces horaires, alors que tôt le matin, en une ou deux heures j'abattais le travail qui m'aurait pris le triple de temps à d'autres moments de la journée.

Cela change tout, d'identifier les modalités d'apprentissage de chacun, au risque, sinon, d'être à contre-emploi et de dépenser beaucoup d'énergie inutilement. Quel gâchis et quel découragement peuvent en résulter, dont le traitement est bien loin du renforcement pédagogique en dehors des temps de l'école ou des rééducations diverses et variées !

Les stratégies d'apprentissage sont donc très différentes d'un sujet à l'autre. Quand, comment et par qui sont-elles évaluées ? Mon expérience des enfants et des adolescents me conduit à répondre que ces différences d'un individu à l'autre ne sont, la plupart du temps, ni questionnées ni même reconnues en tant que telles. Et tant mieux si, pour certains, ce qui a été mis en place coïncide avec leur façon de fonctionner ! Le hasard fait parfois bien les choses.

L'AUTORITÉ[20]

Qu'est-ce qui fait autorité aujourd'hui ? La hiérarchie ? Les parents ? Les enseignants ? Les réseaux sociaux ? Internet ? Est-ce comme hier ? À l'évidence, non.

Le monde a changé, et la notion d'autorité avec lui. L'image du maître respectable et respecté, trônant dans son école et souvent au-delà, s'est transformée, concurrencée ou remplacée par de nouvelles figures d'autorité. Elles prennent la forme de coachs, par exemple, qui semblent davantage respectés par les jeunes. De nombreux parents confient sans états d'âme leur progéniture à ces guides autoproclamés dont la formation est parfois inversement professionnelle à la compétence qu'ils disent détenir. Ils pensent ainsi venir en aide à leur enfant, tout en se dégageant de ce que ce dernier attendait sans le savoir : une occasion de présence parentale à une époque où elle se fait rare, chacun étant pris par ses activités.

Mais ce sont aussi, plus respectables, des entraîneurs sportifs, des professeurs de musique…

Cependant, les gagnants sont, à l'évidence, les « influenceurs » sur les réseaux sociaux, et, si possible, de la même génération ! Qu'ils soient officiellement mandatés

20. Patrice Huerre et Philippe Petitfrère, *L'Autorité en question. Nouveau monde, nouveaux chefs*, *op. cit.*

pour promouvoir une marque ou un usage particuliers, ou qu'ils s'imposent dans une communauté d'âge, leur pouvoir d'entraînement s'exerce sans trop susciter de sens critique, tant le besoin d'appartenance générationnelle est fort.

La question se pose d'ailleurs d'utiliser ces mécanismes de partage entre pairs au profit de la cause scolaire, comme cela a pu être fait lors de campagnes de lutte contre le harcèlement scolaire, par exemple. Quand d'anciennes victimes, telle Lola Dubini, témoignent de ce qu'elles ont subi et indiquent les recours utiles, offrant leur expérience traumatique comme support identificatoire à d'autres victimes restées silencieuses, par peur.

Quant à ceux qui expliquent aux parents comment s'y prendre avec leur progéniture, ils occupent la première place dans les librairies et sont sollicités chaque jour pour commenter la défaite des anciens à la maison. Il est vrai qu'autrefois, il n'y a pas si longtemps, cette tâche était dévolue aux ascendants, qui transmettaient à ceux qui leur succédaient leur savoir-faire dans toute situation de la vie quotidienne. Ce qui avait fait ses preuves pour la génération précédente devait certainement profiter à la suivante, jusqu'à la profonde secousse qui a ébranlé le monde occidental dans les années 1960. Puis celle, plus récente, de la révolution numérique, qui a imposé ses avantages comme ses limites à l'occasion des récents confinements pour cause de Covid.

Aucun domaine n'échappe à ces bouleversements, y compris dans la sphère privée. Pour les familles en difficulté, les Écoles des parents et des éducateurs proposent des permanences téléphoniques, des cafés de parents et autres consultations de conseil. Les magazines poussent sur ce terreau favorable, et les suppléments pour parents sont attendus avec impatience. Les modes d'emploi se multiplient pour savoir comment s'y prendre avec les enfants de tous âges, du bébé au jeune adulte, en passant par l'enfant et l'adolescent. Or il n'est rien de plus déstabilisant pour ces derniers que d'être confrontés à des référents troublés, de ne pouvoir s'appuyer sur des figures adultes suffisamment fiables et certaines du bien-fondé de leurs points de vue. Ne serait-ce que pour s'y opposer. En effet, tout se passe comme si le dernier article lu dans le magazine préféré l'emportait sur ce que pense au fond de lui le parent. Ce qui conduit son rejeton à « pousser le bouchon » toujours plus loin pour qu'enfin le parent affirme ce à quoi il tient vraiment ! Et il faut parfois qu'il aille très loin.
La révolution numérique qui est passée par là a contribué encore un peu plus à l'auto-invalidation de bon nombre d'adultes, qui ont dû demander aide et assistance aux plus jeunes pour l'usage des outils numériques. Quand, de surcroît, les réponses qu'ils apportent à leur progéniture sur le terrain scolaire sont invalidées par une recherche rapide sur le smartphone, *via* Internet… l'autorité des anciens en prend un coup.

Mais n'oublions pas les invariants nécessaires à la construction de l'humain, en particulier lorsqu'il entre dans la période de la puberté. Derrière les changements comportementaux et les apparences des usages, ils sont toujours en place. Les mêmes mécanismes sont à l'œuvre : l'enfant qui semble chercher la réprimande en provoquant de plus en plus espère toujours un câlin ; l'adolescent qui se plaint de façon récurrente du traitement que ses parents lui réservent n'attend pas qu'ils changent. Ces parents qui ne pensent à l'évidence qu'à l'empêcher de vivre en le bridant sans cesse ; et pourtant, lorsqu'ils le mettent en situation de responsabilité, il le vit comme un désamour ou un abandon. Ces paradoxes sont monnaie courante dans les familles, la pratique clinique en témoigne chaque jour, mais aussi dans l'enseignement.

Il est tellement plus simple de s'opposer pour exister : comportement typiquement adolescent. Et quelle déception, au-delà du succès apparent, quand la provocation de l'autorité aboutit !

Les écoles connaissent toutes ces enfants de plus en plus nombreux qui transgressent quasiment à ciel ouvert, sans culpabilité repérable, et qui se plaignent d'être maltraités lorsqu'ils sont rappelés à l'ordre. Et leurs parents de voler à leur secours, mettant en cause l'école et ses responsables ! « Ce qui me convient est ce qui prime », tel est le mot d'ordre de plus en plus partagé.

Il faut noter que le respect parfois démagogique des pratiques de chacun, de même que la disparition des invariants, conduit à penser hors modèles, consciemment en tout cas. L'idée même de modèle est contestée, ce qui revient à ignorer la construction identitaire de l'être humain, qui, de tout temps, s'est opérée depuis sa naissance à partir des identifications aux figures adultes qu'il cherche à répliquer ou à rejeter. À présent, nous fonctionnerions – époque adolescente oblige[21] – dans un présent qui existerait *ex nihilo*, excluant toute influence d'autrui sur soi.

L'idéal bien connu de l'adolescent est l'auto-engendrement, qui l'amène à considérer qu'il ne doit rien à personne dans la construction de lui-même, et en particulier à ses parents. Être débiteur paraît insupportable à beaucoup, que ce débit concerne les ascendants, leurs expériences et ce qu'ils ont cherché à transmettre, en famille comme dans l'entreprise ou dans la vie politique nationale. Nous l'observons chaque jour dans la jeunesse quand elle jure de ne jamais, au grand jamais, vivre comme ses parents; ou dans le monde politique, où la notion d'héritage révulse, tant elle est considérée comme négative, au profit d'une création inédite. Jusqu'aux suivants. S'inscrire dans une histoire, à moins de la répéter sans s'en apercevoir, n'est plus la voie à suivre, nous dit-on.

21. Patrice Huerre et Mathieu Laine, *La France adolescente*, *op. cit.*

Cet espoir illusoire a comme conséquence principale, pour certains, de ne plus pouvoir faire le reproche de ce qui ne convient pas à un responsable extérieur, mais de s'en vouloir de ne pas parvenir à leurs fins, d'où une augmentation significative des autosabotages et des burn-out. Combien d'adolescents revendiquant une autonomie de décision sans réaction des parents en payent le prix, se trouvant dans l'impossibilité d'en vouloir à ces derniers lorsqu'ils comprennent les conséquences de leurs choix ? C'est particulièrement le cas pour ce qui est de l'usage du cannabis ou de l'alcool. Le flou des positions parentales est l'un des facteurs déterminants de l'engagement dans un usage régulier. Comme si, à défaut d'un point d'appui solide (à contester, le cas échéant), il n'y avait un espoir de connaître leur point de vue réel qu'en majorant la consommation ostensiblement.

Mais quels que soient les changements importants survenus depuis deux générations, le besoin fondamental d'une autorité, au sens originel du terme, demeure. L'autorité romaine – *auctoritas* – était une qualité légitime des anciens, au service de l'humanisation et de la structuration du sujet humain comme de la civilisation. C'est elle qui a permis de tout temps la sublimation des mouvements pulsionnels, comme Freud le considérait[22].

22. Sigmund Freud, *Malaise dans la civilisation*, 1930.

De quelle autorité les enfants ont-ils besoin ? De celle qui leur garantit un cadre leur permettant de développer leurs compétences et leurs intérêts tout en contenant les risques de débordement.

Et s'ils ne respectent plus l'autorité, quel exemple leur donne-t-on aujourd'hui ? Car soutenir ce point de vue est aussi ancien que l'humanité ! En revanche, la position des adultes a, elle, bien changé.

Observons une entrée en classe de collège ou de lycée aujourd'hui : dire bonjour aux élèves dont on attend le respect n'est pas la pratique la plus habituelle de la part des adultes. Les établissements qui accueillent les jeunes de façon respectueuse (nous en avons connu quelques-uns) peuvent en retour exiger sans problème la même attitude.

Parmi les adultes, les uns disent ou pensent : « Tout fiche le camp. Mais pour qui se prennent-ils ! » Tandis que les autres mettront en lumière les potentialités relationnelles des élèves et leurs compétences nouvelles, pourvu qu'ils bénéficient d'exemples.

Et l'autorité du savoir ? Le savoir qui était dispensé par les enseignants est à présent accessible à tous, à condition d'avoir appris à le débusquer au milieu des *fake news* et de la jungle des informations disponibles à toute heure du jour et de la nuit. Quel rôle doit-il jouer dans ce nouveau contexte ?

QUELLES COMPÉTENCES L'ÉCOLE DOIT-ELLE VALORISER DÈS LA MATERNELLE ? LESQUELLES SERONT NÉCESSAIRES DEMAIN ? QUE TRANSMETTRE ?

Quelle belle idée que de diriger le projecteur sur le premier âge, les mille premiers jours, comme l'a fait le secrétaire d'État Adrien Taquet ! Attendons de voir ce qui sera réellement mis en œuvre à la suite des préconisations établies par une commission *ad hoc*...
C'est en effet une période déterminante qui pose les fondations, le socle sur lequel va s'appuyer la construction de l'enfant, de l'adolescent et de l'adulte en devenir. La sécurité de base si importante pour se lancer sans appui dans la vie et la possibilité de différer et d'attendre sans trop de frustration un résultat espéré.
De cette étape de la vie dépend aussi la capacité de jeu qui permet de ne pas prendre les aléas de l'existence uniquement au premier degré.
C'est sur cette période que le maximum de moyens devrait être mis afin d'éviter tant de gâchis humains ultérieurs en un laps de temps réduit, quand on sait

celui qui sera nécessaire pour réparer les dégâts plus tard.

« Un bébé seul, ça n'existe pas », selon Winnicott. C'est alors, en effet, que s'établissent les premières différences, car le rôle de l'entourage est déterminant. Tant dans l'apparition du langage que dans les interactions sociales, l'accès à la lecture et, plus largement, aux jeux partagés. Bref, à la culture et à l'humour.

Mais l'incitation à la compétition gagne du terrain très tôt et méconnaît l'importance de ces acquisitions aussi fondamentales que peu spectaculaires, relevant du qualitatif plus que du quantitatif.

Et l'école continue de privilégier la soumission à l'autorité du maître et l'apprentissage de l'immobilité et du silence – sauf pour répondre aux questions qui sont posées –, ainsi que le « par cœur » (mais où se trouve donc ce cœur ?) pour développer sa mémoire. S'il faut réfléchir, ce sera comme c'est établi. Il n'y a pas d'autres chemins que ceux qui sont ouverts par l'enseignant. D'où les conséquences du recours à des stratégies d'apprentissage parfois inadaptées.

Alors même que tant d'inventions fondamentales sont nées d'explorations et de constatations apparemment hasardeuses ou se sont appuyées sur des manières de réfléchir non académiques.

Le jeu, l'imagination, la créativité ont-ils leur place à l'école ? Et la formation de l'esprit critique ? Le travail à plusieurs, le groupe, la communauté, la construction de projets… ? Comme cela fonctionne spontanément dès la crèche chez des enfants non bridés.

De même que dans tous les groupes animaux, d'ailleurs, où ces qualités sont déterminantes pour la survie individuelle et collective. Ne l'oublions pas, l'humain est un animal social. À l'instar de ses cousins mammifères, il apprend par imitation d'un modèle avant de marquer ses initiatives de son empreinte singulière.

Et si l'on rêvait ? Pour passer en CP, le critère serait de savoir bien jouer[23] ! Et non de quasiment savoir lire et écrire. Et si l'on tentait de sauvegarder l'originalité de nos classes de maternelle sans les transformer en antichambres des apprentissages « sérieux » ? Car le « sérieux » sera d'autant plus facile à aborder que l'acquisition des qualités premières (socialisation, capacité de jeu, curiosité…), stimulées par des activités ludiques, sera bien établie.

Jouer ne serait pas sérieux, nous dit-on, sauf lorsque le projet est clairement annoncé comme pédagogique ou éducatif. Ainsi cette petite fille de moyenne section de maternelle qui m'était adressée sur les conseils insistants de son institutrice : cette dernière avait dit à la mère qu'il fallait vite consulter, car sa fille ne « pensait qu'à jouer » ! Adressez-moi d'urgence cette enseignante

23. Patrice Huerre, *Jouer. Un moteur pour la vie*, *op. cit.*

et félicitez cette enfant qui, malgré les inquiétudes de l'entourage, réussit à jouer quand même.

Oui, mais le sérieux quasi permanent serait un gage de réussite scolaire, elle-même gage de réussite professionnelle ultérieure. C'est ainsi que le moindre décalage par rapport au « programme » induit une orientation vers une rééducation orthophonique dès la maternelle – prévention oblige –, comme la moindre dent provisoirement mal placée nécessite un appareil orthodontique !

Beaucoup d'enfants aujourd'hui font l'objet de surstimulations dès les premiers temps de leur vie, afin d'apaiser les angoisses de leurs parents sur leur avenir et de soutenir l'ego de ces derniers. Leur emploi du temps est digne de celui d'un ministre, les gratifications narcissiques en moins. En service commandé, ils doivent rassurer leur entourage par leurs performances et leur précocité. L'idéal étant cette dernière qualité, synonyme de réussite parentale.

Simultanément, il leur est enjoint de « ne pas perdre de temps », de ne pas « rester sans rien faire ». L'ennui serait à bannir, au même titre que la rêverie, les deux étant réputés improductifs et inutiles. «Va jouer dans ta chambre au lieu de ne rien faire », s'entend dire l'enfant quand il est en mode pause ; et pourtant, se retrouver seul devant des jouets ne provoque pas forcément l'envie de jouer…

Dans ce contexte largement partagé, il n'est pas étonnant d'assister à la multiplication des diagnostics d'enfants dits « hyperactifs », qui sont simplement, pour la plupart, hyperactivés ! La période de latence, qui succède à l'agitation des premières années de vie et correspond à l'âge de la scolarité primaire, se trouve de plus en plus souvent raccourcie et ne peut jouer son rôle déterminant d'apaisement du tumulte antérieur de la période œdipienne, avant l'amorce des transformations de la puberté. D'où le nombre croissant d'enfants de l'école primaire qui présentent des comportements dérangeants, typiques de l'adolescence : leur corps est encore infantile, tandis que leur fonctionnement « précoce » anticipe celui des jeunes pubères.

DE MANIÈRE PLUS GÉNÉRALE : COMMENT ÉVALUER ET SUR QUELLES BASES ?

Depuis des décennies, les notes obtenues en français et en mathématiques sont considérées comme reflétant la valeur de l'élève. S'y ajoutent, bien entendu, les appréciations relatives au comportement, plutôt soumis, passif, participatif ou opposant. Et ce, depuis les débuts de la scolarisation, dès la moyenne section de maternelle quasiment ! Ainsi se dessine, au fil des ans, le portrait de l'élève, transmis par les bulletins scolaires. «Ah, tu as la petite Clarisse, cette année ? Ma pauvre, tu vas voir : rien à en tirer ! Et avec ses parents, c'est pas simple », dira cette enseignante à sa collègue au retour de l'été. Les dés sont jetés, les jeux sont faits.

Ce débat est ancien. Voici ce que dit Condorcet :

« L'habitude de vouloir être le premier est un ridicule ou un malheur pour celui à qui on la fait contracter, et une véritable calamité pour ceux que le sort condamne à vivre auprès de lui[24]. »

---

24. Condorcet, *Premier mémoire sur l'instruction publique*, 1791.

Eirick Prairat, professeur de philosophie de l'éducation à l'université de Lorraine, rapporte à propos de Condorcet :

« L'ancien pensionnaire des jésuites de Reims dénonce la pédagogie de ses maîtres qui n'ont cessé de cultiver la rivalité et la compétition. Chez ces derniers, pas d'étude sans classement, pas d'apprentissage sans récompense. Dispute, exercice public, remise de prix, création d'académies[25]… »

Condorcet rejoint sur ce point ce que dit Rousseau dans l'*Émile* :

« Il est bien étrange, se désolait déjà le philosophe genevois, que, depuis qu'on se mêle d'élever des enfants, on n'ait imaginé d'autre instrument pour les conduire que l'émulation, la jalousie, l'envie, la vanité, l'avidité, la vile crainte, toutes les passions les plus dangereuses […] et les plus propres à corrompre l'âme[26]. »

L'émulation que vante Condorcet, fruit d'une école qui sait accueillir tout le monde pour que l'on puisse y apprendre ensemble, ne doit rien à cet orgueil arrogant qui nous pousse à vouloir être au-dessus des autres. Elle ne vise qu'à une seule chose : gagner l'estime et la confiance de ses pairs. L'école prépare toujours au lendemain et « la vie humaine n'est point une lutte où

25. In *The Conversation*, site d'information générale.

26. Jean-Jacques Rousseau, *Émile, ou De l'éducation*, livre II, 1762.

des rivaux se disputent des prix ; c'est un voyage que des frères font en commun, et où chacun, employant ses forces, en est récompensé par les douceurs d'une bienveillance réciproque, par la jouissance attachée au sentiment d'avoir mérité la reconnaissance ou l'estime[27] ».
Comment l'enfant pourrait-il déjouer les pronostics qui lui sont attribués si les appréciations à son sujet restent cantonnées à des éléments factuels ? De quelles ressources devrait-il disposer pour renverser ces points de vue bien établis ? Et pourtant, combien de fois ai-je assisté à des transformations impressionnantes d'attitudes dès lors que le regard porté était ouvert et que le jeune percevait la possibilité de surprendre l'enseignant, ce dernier ayant fait comprendre qu'il était d'accord. L'anticipation négative induit ce qu'elle prévoit, ainsi l'enfant ne déçoit-il pas le professeur.

La question se pose avec acuité de savoir si l'école peut accueillir d'autres formes de talents que ceux qui sont attendus. Et, en premier lieu, si elle peut les identifier. Car, à défaut, elle sélectionnera le conformisme et la soumission, alors que les temps à venir vont avoir un besoin pressant d'audace et de talents sortant des sentiers battus.

Ces autres talents ont-ils une chance de s'épanouir à l'école ? Cela dépend-il de l'heureuse rencontre

27. Condorcet, *Premier mémoire sur l'instruction publique*, *op. cit.*

avec un enseignant intéressé par l'émergence d'intérêts chez son élève, y compris en dehors du programme ? Ou est-il possible d'imaginer que cette attention aux singularités fasse partie des missions essentielles de l'école, non pour ne tenir compte que d'elles, au mépris des enseignements fondamentaux nécessaires, mais simplement pour ne pas les éteindre ?

Que faire aussi des « touche-à-tout », des intéressés par tout, sans qu'ils excellent dans une matière ? Dévoilant ainsi des potentialités qui n'attendent qu'une occasion pour que l'une d'elles se développe. Que faire des petits Léonard de Vinci, aptes à l'expression artistique autant qu'à l'invention technique ?

C'est pourquoi il est si important que les évaluations embrassent toutes les disciplines (y compris artistiques et sportives) d'égale manière. On sait bien, pour l'avoir vécu, que la mauvaise note en éducation musicale ou en sport ne donnera pas lieu aux mêmes inquiétudes ou reproches selon les familles. Et que le conseil de classe ne les mettra pas dans le même panier !

Outre la question des critères d'évaluation, se pose celle de leur impact sur l'évolution du jeune. Ont-ils pour visée d'identifier les capacités actuelles de l'élève sans préjuger de l'avenir ? De reconnaître les capacités enseignantes ? Pourrait-on revoir la grille d'évaluation des enfants ? Il ne s'agit pas de nier les difficultés en « positivant », même si c'est à la mode, mais que le négatif n'occupe pas tout le terrain. Or c'est là une tendance nationale bien enracinée. Comme l'impact délétère des classements, qui font que chaque épreuve devient quasiment olympique – quand elle ne se heurte pas à une indifférence apparente pour se protéger de son impact sur l'image de soi en construction –, un moyen de renforcer une image de soi glorieuse. Bref, le résultat attendu ou redouté efface l'intérêt de la démarche de l'apprentissage.

Se pose donc de manière urgente la question de savoir comment mettre les échecs au premier rang des moyens utiles pour rajuster et progresser. Comme le petit a pu le faire avec la marche et la préhension d'objets difficiles à saisir. Car c'est bien ainsi que chacun a grandi, à son rythme. Il ne viendrait à l'esprit de personne, je l'espère, de noter et de classer les performances de l'enfant, dans son carnet de santé, autrement que comme des indicateurs d'un développement singulier dans de larges zones de possibles.

Il est temps de changer notre façon d'évaluer, fondée sur une grille qui va du meilleur au mauvais (élève), et de passer à la reconnaissance des différences qui elles-mêmes appellent des offres différentes, au-delà du socle à partager. Il y a urgence à valoriser d'autres talents et les talents de chacun.

Et à réfléchir aux moyens d'évaluer la créativité, la sensibilité…

Comment valoriser ces différences dans le groupe et en faire un avantage pour chacun ?

Certaines expériences témoignent de l'intérêt qu'il y aurait à prendre en compte la diversité des investissements manifestés par l'enfant et l'adolescent, au-delà de leurs performances académiques. C'est ainsi qu'est née une initiative intéressante à Issy-les-Moulineaux, dans les Hauts-de-Seine : le livret de compétences. Il s'agit d'y relever les domaines d'intérêt du jeune tout au long de son parcours de vie, dans lequel la scolarité est certes présente, mais pas seulement. A-t-il pratiqué des sports ? A-t-il été membre du conseil municipal de la jeunesse ? A-t-il appris la musique et à jouer d'un instrument ? S'est-il engagé dans une activité associative ?

Ainsi se dégage une personnalité aux multiples facettes, loin d'une appréciation objective de performances. L'être humain ne se réduit pas à ce qu'il produit.

Car que disent les notes attribuées aux élèves ? Qu'ils connaissent plus ou moins bien leurs leçons ou qu'ils ont correctement fait leurs devoirs. Mais que révèlent-elles de leurs savoir-faire ?

Pour les accompagner dans leur parcours scolaire et les aider à évoluer, à s'orienter et à s'épanouir, la valorisation de leurs acquis et de leurs compétences est essentielle. Et le fait de mettre en avant avec leur famille les aptitudes des élèves tout au long de leur parcours scolaire joue

un rôle déterminant, tant chaque enfant recherche, quoi qu'il en dise, un retour positif sur ses capacités.
Mais à condition de bien veiller à éviter la confusion des rôles entre parents et école, pour accorder à chacun une place différenciée et complémentaire.
Une fois mis sur le papier, le constat devient concret et clair pour tous. Il rassure. Il permet de mesurer les compétences et traduit une réalité sans passion. Transparent, ce document est une aide pour avancer et entrevoir l'orientation la plus adaptée à l'enfant.

Valoriser le parcours des compétences psychosociales (CPS) des élèves devrait faire partie du projet de l'école, tout autant que l'évaluation des acquis scolaires.
L'OMS a défini en 1993 les CPS comme « la capacité d'une personne à répondre avec efficacité aux exigences et aux épreuves de la vie quotidienne. C'est l'aptitude d'une personne à maintenir un état de bien-être mental, en adoptant un comportement approprié et positif à l'occasion des relations entretenues avec les autres, sa propre culture et son environnement ».

Elle les présente par deux. Sont-elles prises en compte systématiquement ?

1. Savoir résoudre des problèmes et savoir prendre des décisions.
2. Avoir une pensée créative et une pensée critique.

3. Avoir conscience de soi et avoir de l'empathie.
4. Savoir communiquer efficacement et être habile dans les relations interpersonnelles.
5. Savoir gérer ses émotions et gérer son stress.

Toutes sont étroitement liées à la confiance en soi.
D'ailleurs, l'acquisition de celle-ci permettrait aux élèves de déterminer des objectifs d'après leurs compétences telles qu'elles sont évaluées par leurs professeurs.

Selon le Grenelle de l'éducation (« Quels professeurs au XXIe siècle ? », sous la direction de Yann Aigan), « les pays qui investissent davantage dans les compétences socio-comportementales, telles que la coopération, avec des pratiques pédagogiques adaptées développent bien davantage le bien-être et la confiance des élèves, tout comme leurs résultats académiques. Ce point est crucial dans le contexte français, où les élèves présentent le déficit de compétences socio-comportementales le plus élevé des pays de l'OCDE ».
Dans ce contexte, un tel parcours devient essentiel.
Il devrait être établi avec l'élève, puis avec ses parents.
Et dans les CV des postulants, quelques années plus tard, l'employeur potentiel n'aurait-il pas intérêt à prendre en compte ces éléments ? Même si, bien entendu, chacun peut changer !

ENSEIGNER DEMAIN

Étant donné les changements qui affectent le monde à grande vitesse, il pourrait paraître comme une évidence de dire que les modalités d'enseignement devraient changer elles aussi. Et pourtant, à part quelques initiatives ici ou là, il n'en est rien, ou si peu. La réplication des méthodes connues l'emporte largement sur la recherche d'une adaptation aux besoins de demain.

Il faut suivre le programme, de plus en plus chargé, et le rythme qu'impose son calendrier.

Et si l'enseignant s'en sent la capacité et l'humeur, quelques détours par des chemins moins balisés seront envisagés.

Certes, l'équilibre est difficile à tenir entre l'obligation de transmettre des connaissances officielles et l'ouverture aux questionnements qui ne reçoivent pas forcément de réponses. Comme entre l'éveil et le maintien d'une curiosité d'apprendre, d'une part, et le travail nécessaire pour intégrer les acquisitions fondamentales, d'autre part.

C'est évidemment un défi qui suppose des compétences académiques, mais aussi un certain état d'esprit. Sommes-nous bien sûrs que ces qualités sont attendues dans la sélection des candidats au métier ? Car un enseignant qui s'ennuie a peu de chances de susciter

chez ses élèves autre chose que ce qu'il éprouve… Surtout s'il a choisi cette voie par dépit ou pour régler ses comptes avec son passé d'élève.
Les routines et le formalisme dominent alors, étouffant la curiosité. Ou plutôt la déplaçant hors du domaine des études.
Et pourtant, transmettre est une mission essentielle et délicate pour laquelle l'engagement personnel est prépondérant. Elle est aussi très difficile à assurer face à des élèves pour lesquels seul compte le présent et qui n'ont pas acquis la capacité d'attention requise pour suivre plusieurs cours par jour. Qui prêtent plus d'intérêt et de crédit à ce qu'affichent les écrans qu'à ce qu'enseignent leurs maîtres.
Soulignons les (maigres) bénéfices secondaires des confinements, qui ont justifié et légitimé enfin l'usage des outils numériques pour suivre le programme à distance, mais sans qu'ils soient véritablement intégrés dans la pratique pédagogique habituelle en dehors de ce contexte sanitaire singulier.
Enseigner demain sera un nouveau métier nécessitant esprit critique et acceptation des nouveautés (hors programme !). L'institution Éducation nationale s'y prépare-t-elle suffisamment ?
Les enseignants sont-ils formés et prêts pour travailler en interdisciplinarité ? Quelles formations initiales et continues faut-il prévoir pour cela ?

Comment comprendre que, durant toute une carrière, hormis les passages d'inspection, il ne soit pas prévu qu'ils puissent assister régulièrement aux cours de leurs collègues pour y trouver des éléments de partage et de réflexion sur les pratiques pédagogiques, au-delà de la formation initiale avec laquelle il faudrait se débrouiller toute sa vie professionnelle durant ?
Car, dans les métiers touchant à l'humain, la formation théorique ne suffit pas, loin de là. Comme pour les psychiatres, les psychologues et les psychanalystes, qui, en plus des références théoriques, apprennent les bases de leur métier par le partage d'interventions, de conseils et les modèles que représentent les plus expérimentés. Les supervisions et les intervisions sont des moyens essentiels de transmission d'une expérience qui permet ensuite à chacun de constituer progressivement sa boîte à outils. Il en est ainsi dans le psychodrame, où plusieurs professionnels, expérimentés et débutants, interviennent ensemble au profit d'un patient… C'est aussi le mode d'apprentissage des artisans, des Compagnons du Devoir. L'appui durable que représentent les modèles identificatoires rencontrés pendant le parcours de formation et la pratique professionnelle ultérieure donne alors toute leur importance aux formations théoriques qui autorisent la recherche d'un ajustement de son métier avec les données identifiées par la communauté professionnelle.

À l'inverse de certains psys connaissant toutes les références théoriques qu'ils plaquent sur leurs patients plutôt que de chercher leur singularité. La théorie les intéresse certainement. L'humain de chair, d'os et d'esprit, c'est moins sûr.

Un autre domaine de compétences bien maltraité est celui du travail avec un groupe. De quelle formation pratique, et pas seulement théorique, dispose l'enseignant jeté dans l'arène de la classe ?
Car le groupe suppose la diversité. Comment faire pour que chacun y trouve son compte ? C'est là le défi de l'enseignant, comme celui du psychothérapeute de groupe qui se souciera autant du silence des uns que des paroles des autres. Ces pratiques thérapeutiques et ce qu'elles nous apprennent du fonctionnement des groupes pourraient utilement inspirer des formations continues de pédagogues.
Comment réagir en classe, par exemple, face au jeu continu d'un élève avec son stylo ? L'interprétation de ce manège n'est pas univoque. S'ennuie-t-il ? Décharge-t-il un trop-plein de tensions et d'agressivité ? Prépare-t-il un concours d'adresse digitale ?
La réponse la plus partagée est la remise au pas et l'injonction à rester immobile et à prêter attention aux propos du professeur.

Et pourquoi ne pas l'inviter à exposer ses compétences motrices devant la classe, l'en féliciter et, une fois que cette reconnaissance a eu lieu, lui permettre de reprendre le cours de l'enseignement ?
De même, comment tirer parti de l'erreur d'un élève, en solo ou en groupe ? Comment attirer l'attention sur le fait que se tromper est une manière d'apprendre, à mille lieues des jugements négatifs ? Et qu'il faudrait redonner sa valeur à l'erreur.

À quand l'implication des élèves dans leurs apprentissages, avec les enseignants comme pilotes et accompagnateurs dans les recherches ? Pourquoi ne pas solliciter les élèves pour chercher des informations en amont du cours sur le thème qu'il a été prévu d'aborder ?
Le sacro-saint modèle à la française n'est pas près d'effectuer le virage nécessaire que les temps imposent. Il n'est donc pas étonnant d'observer ce même fonctionnement dans l'entreprise ou dans l'administration de l'État, chacun retrouvant ainsi, une fois adulte, le schéma familier qu'il a connu plus tôt à la maison et à l'école.

L'école est un exemple de stabilité dans un monde qui change. Alors qu'elle devrait fonctionner sur ce modèle-ci, dès le début de la scolarité : une idée, un thème sont lancés. L'auto-organisation du groupe d'élèves est sollicitée avec le support des enseignants, qui développent la démarche de recherche, le sens critique, l'accueil d'une diversité de points de vue et la distribution d'énergie. Comme un chef d'orchestre avec sa baguette, pas faite pour frapper, mais pour donner toute sa place à chacun, et ce, de façon coordonnée afin de produire la plus belle musique possible. Apprendre en cherchant. Et non pas en écoutant passivement le maître.

Surtout que de nouveaux outils sont à présent disponibles : les outils numériques, qui présentent le double avantage de l'adaptabilité et de l'adhésion du plus grand nombre. Bien sûr, il ne s'agit que d'outils, et le défi pédagogique est bien d'en faire des alliés dans l'apprentissage, et non d'en rendre esclaves les jeunes, ni de les bannir du champ pédagogique en dehors des apprentissages spécialisés.

C'est ainsi que, dans les soins aux enfants et aux adolescents, les médiations numériques[28] se voient reconnaître une place parmi les moyens de mobiliser les affects et les émotions, comme mettre sur le devant de la scène des scénarios anciens traumatiques ou angoissants grâce au « comme si » et au « on dirait que », qui permettent un abord supportable sous couvert du jeu.

28. Patrice Huerre et Charlotte Costantino (dir.), *Médiations numériques et prise en charge des adolescents*, Lavoisier, 2017.

C'est un défi considérable que de chercher comment former aujourd'hui les enfants qui seront les futurs enseignants, afin de répondre aux besoins de ceux qu'ils auront en classe dans trente ans. À vous de jouer, sciences de l'éducation !

DES ENJEUX ESSENTIELS : ÉDUQUER, INSTRUIRE

Une confusion semble s'être installée entre ces deux termes : éduquer et instruire.

« La période révolutionnaire a vu s'affronter les tenants de l'instruction publique, dont la figure emblématique est précisément Condorcet, et les tenants d'une éducation nationale, représentée notamment par Rabaut Saint-Étienne et Lepeletier de Saint-Fargeau. Instruire ou éduquer, ces deux orientations sont posées comme irréconciliables.

« L'instruction vise à transmettre des savoirs et à cultiver la raison, mais aussi à encourager la créativité et l'esprit critique ; l'éducation, elle, a pour tâche de transmettre non seulement "des vérités de fait et de calcul" mais aussi "des opinions politiques, morales et religieuses" *(Premier mémoire)*.

« Condorcet récuse l'orientation éducative car, si l'instruction affranchit par les vertus intrinsèques du savoir, l'éducation, en revanche, modèle et domestique. L'éducation est de plus une prérogative parentale. Et à s'arroger celle-ci, non seulement l'école se fourvoie dans sa mission, mais elle porte aussi atteinte aux droits légitimes des parents. À la famille le devoir d'éduquer, à l'école celui d'instruire et d'éclairer[29]. »

Catherine Kintzler[30] est dans la ligne de Condorcet.

Elle propose une vision de la laïcité intéressante. Elle compare l'école laïque à une clairière, à l'abri du monde, de la société, des appartenances culturelles et religieuses de chacun. À l'école laïque, dit-elle, il n'y a pas d'autre autorité dans la classe que le savoir lui-même (et, à travers lui, le maître, l'enseignant).

Elle cite aussi Condorcet, qui, en 1792, distingue l'éducation domestique et l'instruction publique. La question de la laïcité est résumée dans cette distinction: au travers de l'éducation domestique, on reçoit les préjugés de sa culture, on est imprégné d'une culture d'origine. En revanche, avec l'instruction publique, on apprend à se déprendre de cette appartenance particulière, on apprend à devenir un individu *en face* de sa communauté.

Cette vision de l'école laïque va précisément dans le sens inverse de la vision actuelle de l'Éducation nationale, qui préconise la coéducation.

Tous les acteurs de l'Éducation nationale n'ont plus que ce mot à la bouche: la coéducation, c'est-à-dire faire

29. Eirick Prairat, professeur de philosophie de l'éducation à l'université de Lorraine, membre de l'Institut universitaire de France (IUF), in *The Conversation*.

30. Catherine Kintzler, *Condorcet. L'instruction publique et la naissance du citoyen*, Gallimard, 1984, rééd. Folio 1987.

entrer les parents dans l'école (avec leurs particularismes, leur histoire, leur appartenance) pour que le maître et les parents coéduquent.

Cette vision-là fragilise l'autorité du maître, et de la pensée, qui ne compte plus uniquement sur ses propres forces pour se diriger.

L'inscription dans l'histoire de la famille est bien de la compétence des parents, tandis que la transmission des connaissances revient à l'école.

Depuis le changement d'appellation du ministère en charge de l'Instruction publique, ainsi nommé depuis la Révolution jusqu'à 1932, en ministère de l'Éducation nationale, la confusion règne au sujet des missions des familles et de l'école. Revenons vite à celle définie par Condorcet ! À défaut, il ne faut pas s'étonner d'un transfert des missions parentales vers l'école et de celles de l'école vers les parents.

ET POUR DEMAIN ?

L'école se trouve aujourd'hui face à un paradoxe : transmettre les contenus validés de savoirs et préparer à l'inattendu, aux surprises, à l'imprévisible.
Le tout en stimulant le plaisir que les élèves peuvent y prendre et en maintenant de ce fait leur intérêt vivace.
Encore faudrait-il s'entendre sur les compétences qui seront requises demain. Les savoirs fondamentaux qui seront à coup sûr indispensables à acquérir. Sans oublier la nécessité d'être capable de vivre dans un nouveau monde, régi par de nouvelles règles. Apprendre à apprendre et à chercher sera primordial. La souplesse et les capacités d'adaptation seront des éléments déterminants : 50 % des métiers qui seront exercés dans dix ans sont inconnus aujourd'hui ! Et leur durée de vie ne sera pas forcément très longue…
C'est au croisement des disciplines que se trouveront les avancées de demain. Pourquoi ne pas en donner le goût dès à présent dans la manière d'enseigner ?
Comment donner toute sa place, en la guidant, à la génération nouvelle et à ses manières nouvelles d'avancer ?
Autant de questions qui supposent d'avoir confiance en la capacité de cette nouvelle génération à faire avec les temps qui l'attendent. Ce qui est bien différent d'une politique d'abandon car, redisons-le, pour qu'elle puisse

composer avec les défis futurs, le socle sur lequel la nouvelle génération repose sera déterminant et discriminant. S'appuyant sur la confiance que les adultes ont en elle, sûre de ses atouts, elle pourra se donner les moyens d'établir ses priorités.
Ce qui implique de dédramatiser les enjeux autour des choix d'orientation que les élèves doivent effectuer aujourd'hui, qui ne préfigurent en rien ce qu'ils seront à même de faire dans vingt ans… Les réorientations des parcours seront la règle.

Quel est le sort réservé aux initiatives heureuses ? Elles sont largement ignorées, alors qu'elles gagneraient tant à être mieux connues. L'expérience du lycée français Winston-Churchill à Londres demeure bien isolée.
Dans cet établissement d'enseignement français, l'usage des tablettes numériques est banal depuis la classe de sixième. Elles sont utilisées autant pour le travail et les recherches personnels que pour le travail en groupe. Elles sont mises au rang d'outils complémentaires qui enrichissent les possibilités de recherche comme de rédaction ou d'exécution d'exercices. Faut-il être hors de France pour innover ?
Pourtant, de nombreuses expériences positives existent en France. Ma participation à différents conseils scientifiques de fondations m'a permis de connaître la richesse de pratiques souvent méconnues. Un appel à projets

thématiques diffusé *via* les réseaux sociaux, entre autres médias, fait émerger une foule d'idées et de pratiques inconnues des circuits officiels de l'information, sous les radars. Leur diversité et leur richesse potentielle, ajoutées à la valeur de leur engagement humain, sont stimulantes et redonnent foi dans les capacités humaines à inventer des réponses aux questions nouvelles qui se posent.

Alors pourquoi ne pas créer une boîte à idées nationale (voire internationale) et divulguer ce qui en ressort afin de pouvoir le partager, en octroyant une prime aux initiatives les plus originales et les plus pertinentes ? Bref, faire en sorte que le goût de l'innovation devienne la qualité première attendue, dès la petite enfance. Comme les parents s'extasient devant la production de dessins ou de constructions de leur petit, ou devant ses nouvelles prouesses. Il s'agit, en fait, de simplement faire confiance à l'inventivité de chacun et de donner à cette qualité des possibilités d'expression et de réalisation.

Ainsi, dans un tout autre domaine, quelques années après la fin de l'adolescence, des cadres sont envoyés six mois ou un an à l'étranger pour « découvrir » des fonctionnements différents, en réimporter certains chez nous et être capables, au pied levé, d'aller s'installer sur place si une opportunité se présente.

Ou encore, lors du séminaire annuel regroupant cinq cents dirigeants d'un gros groupe international dans un grand hôtel d'un pays méditerranéen. Le DG informe le public du projet de développement et d'implantation de nouvelles structures en Chine. Et pose la question à la tribune : « Qui parle chinois parmi vous ? »

Une main se lève.

« Merci de venir me rejoindre. Présentez-vous, s'il vous plaît !

– Martin Dugar, monsieur.

– Très bien, Martin. Cela vous intéresserait-il d'explorer les possibilités d'implantation en Chine pour notre groupe ?

– Euh…

– Très bien. Nous vous nommons responsable Chine. »

Il y est depuis cinq ans à présent, pour la plus grande satisfaction du groupe. Et pour la sienne, espérons-le.

Les enseignants du futur devraient se voir proposer de telles offres, tous les deux ans, par exemple. Pour eux, comme pour les parents d'aujourd'hui, la stimulation du plaisir partagé de découvrir, les surprises, le jeu[31], la recherche des capacités d'adaptation devraient irriguer les comportements. Il est temps d'abolir la frontière entre activités ludiques et « sérieuses », à la manière de la formidable initiative « La main à la pâte », lancée par le prix Nobel Georges Charpak en 1995.

Comme l'expose le site du ministère de l'Éducation nationale, de la Jeunesse et des Sports :

31. Patrice Huerre, *Jouer. Un moteur pour l'avenir*, *op. cit.*

« La main à la pâte promeut une pratique active et raisonnée des sciences et de la technologie. Elle propose des réponses stimulantes au service des professeurs et de leurs élèves.

« Son ambition : permettre à chaque enfant ou adolescent de mieux comprendre le monde qui l'entoure en développant sa capacité de penser et d'agir. Exploration, apprentissages scientifiques, expérimentation et raisonnement, maîtrise de la langue, argumentation et éducation à la citoyenneté sont associés. Chaque élève doit pouvoir approfondir sa compréhension des objets et des phénomènes environnants et développer sa curiosité, sa créativité et son esprit critique.

« Créée en 2011 par l'Académie des sciences et les Écoles normales supérieures de Paris et de Lyon, la Fondation La main à la pâte anime tout un réseau – national et international – pour diffuser des pédagogies attractives à l'école et au collège. »

Le plaisir d'apprendre et de découvrir est contagieux ! Développons cette « maladie » et nous nous porterons mieux. Il s'agit là d'une belle mission pour les parents comme pour les enseignants : donner le goût de jouer sérieusement avec les connaissances.

« Choisissez un travail que vous aimez et vous n'aurez pas à travailler un seul jour de votre vie », dit Confucius.

TABLE DES MATIÈRES

92, avenue de France, 75013 Paris
ISBN : 978-2-09-279147-9
Achevé d'imprimer en février 2022 par Laballery
N° d'éditeur : 10270546 - Dépôt légal : avril 2022.
N° d'impression : 112863